# HAUPTSACHE GEMÜSE

### JF Mallet

# HAUPTSACHE GEMÜSE
## Abwechslungsreiche Rezepte mit und ohne Fleisch

Rezepte und Fotos
von JEAN-FRANÇOIS MALLET

Texte
von EMMANUELLE JARY

MATTHAES VERLAG GMBH
Ein Unternehmen der dfv Mediengruppe

# Inhalt

- 9 **Einleitung**
- 10 Gemüsegärten gestern und heute
- 15 PORTRÄT: Sylvain Picard, Gärtner bei Alain Passard
- 18 „Marken"-Gemüse
- 21 PORTRÄT: Olivier Durand, ein begabter Gemüsebauer
- 24 Vom Feld in die Küche
- 27 PORTRÄT: Anthony Beldroega, Souschef bei Alain Passard
- 28 Aufbewahren und Konservieren
- 30 Kochen
- 37 PORTRÄT: Philippe Morice - das Gemüse liegt in der Familie
- 41 Früchte oder Gemüse?
- 45 PORTRÄT: Joël Thiébault, Gemüsebauer
- 48 Kleine Pflanzenkunde

- 51 **Frühjahr**
- 52 Frisches Gemüse in vollen Zügen genießen
- 54 Frühkartoffeln
- 58 Spargel
- 68 Rezepte

- 105 **Sommer**
- 106 Leicht wie der Sommer
- 109 Es gibt nicht nur einen Knoblauch
- 110 Vorsicht, scharf!
- 120 Rezepte

- 151 **Herbst**
- 152 Nachsaison mit großen Hauptdarstellern
- 158 Kresse
- 166 Rezepte

- 193 **Winter**
- 194 Winter in grün
- 197 Karden, ein vergessenes Gemüse?
- 198 Knollensellerie
- 206 Rezepte

- 231 **Kräuter**
- 232 Mit Kräutern genießen
- 237 Kräuter der Provence
- 244 Rezepte

- 267 **Anhang**

# EINLEITUNG

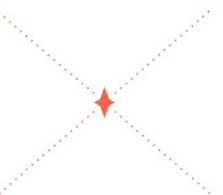

Dieses Gemüse-Kochbuch ist für alle gemacht, die über die Freude am Kochen hinaus mehr über das Produkt und seine Anbaumethoden wissen wollen.

Es ist didaktisch und praktisch zugleich. Denn, ob ein Gemüse aus einem kleinen Gemüsegarten kommt oder ob es das renommierte Label „AOC" (kontrollierte Herkunftsbezeichnung) trägt, es hat immer seine eigene Identität und seinen einzigartigen Geschmack, und oft spiegelt es die Tradition einer ganzen Region wider.

Es gibt Gemüsegerichte wie zum Beispiel Ratatouille, die gänzlich aus Gemüse bestehen, aber allgemein nimmt bei uns Gemüse bei Weitem nicht den Platz ein, den es verdient. Es wird oft „an den Tellerrand gedrückt", dient als Beilage zu Fleisch oder Fisch, oder schlimmer noch, es wird nur als Dekoration verwendet.

In diesem Buch bekommt das Gemüse dank klassischer und kreativer Rezepte einen zentralen Platz in der Küche. Dafür wird Gemüse so zubereitet und gekocht, dass sich sein Geschmackspotenzial voll entfalten kann. Dazu ist es sehr wichtig, das Gemüse wieder dem Rhythmus der Jahreszeiten entsprechend zu verwenden. Jede Saison hat ihr Gemüse.

Der Autor Jean-François Mallet, ist Reporter und seit mehr als 20 Jahren Spezialist für Küche und Kochen und zudem ehemaliger Küchenchef in Sterne-Restaurants. Alle Rezepte des Buches wurden von ihm zubereitet und getestet. Nur was für gut befunden wurde, fand seinen Platz im Buch.

Erfahren Sie Wissenswertes über Gemüsesorten und Geschichten über die Menschen, die sie mit Leidenschaft anbauen. Und entdecken Sie Rezepte, die all dies würdigen.

# GEMÜSEGÄRTEN GESTERN UND HEUTE

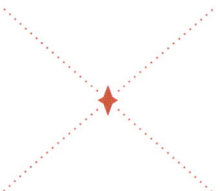

Vom berühmten Küchengarten des Königs in Versailles bis zu den Bauerngärten auf dem Lande, die dazu dienen, die Bewohner des Hofs zu ernähren, über die Arbeitergärten in den Städten und neuere Erscheinungen wie die Gemüsegärten der Chefköche oder – etwas außergewöhnlicher – Gemüsegärten auf den Dächern: Die hohe Kunst des Gärtnerns, deren Ziel es ist, gutes Gemüse auf den Tisch zu bringen, hat nichts von ihrem Schwung verloren. Kleine Geschichten über eine große Sache …

## DER GEMÜSEGARTEN DES KÖNIGS

Der berühmte Gemüsegarten von Versailles wurde 1678 erschaffen und belieferte den König und seinen Hof mit Obst und Gemüse. Jean-Baptiste de La Quintinie, dem Schöpfer dieses außergewöhnlichen Gemüsegartens, gelang es mit Hilfe von verschiedenen Düngern, Glashäusern und Glasglocken und unter Ausnutzung der Sonneneinstrahlung und richtigen Exposition der Pflanzen, Frühgemüse und Frühobst zu ziehen: „Die Wärme, sowohl in der Erde als auch in der Luft, kann nur von den Sonnenstrahlen kommen. Dennoch wage ich zu sagen, dass es mir geglückt ist, die Sonne im Kleinen an einigen Pflanzen zu imitieren: So konnte ich einige Früchte fünf oder sechs Wochen früher reifen lassen, zum Beispiel frühreife Erdbeeren schon Ende März, Erbsen im April, Feigen im Juni, Spargel und Kopfsalat im Dezember, Januar usw." (Anweisungen für die Obst- und Gemüsegärten, 1690).

So wie das Schloss von Versailles eine Ausstellungsfläche für das Savoir-Faire des französischen Handwerks und Kunsthandwerks war, so spiegelt der Gemüsegarten des Königs die Pracht der königlichen Tafel wider. Noch heute werden in diesem Garten 450 Obstbaumsorten angebaut: 140 Birnbäume, 160 Apfelbäume, etwa 40 Pfirsichbäume, 30 Pflaumenbäume … Es wachsen dort auch mehrere Kirschbäume und 400 alte und neue Gemüsesorten, sowohl Sammlerpflanzen als auch Anbaukulturen. Die Verwaltung des Gartens verfolgt seit seiner Schaffung das Prinzip, ein Maximum an Sorten zu vereinen, anzubauen und zu beobachten. Es gibt dort zum Beispiel ungefähr 30 Tomatensorten, 15 Auberginen- und Paprikasorten und auch unbekanntere Sorten wie zum Beispiel die Erdmandel, die im 18. und 19. Jahrhundert auf dem Land sehr beliebt war, oder die Kletten.

*Gegenüberliegende Seite:* Portulak im Garten von Alain Passard

*Verschiedene Radieschen auf dem Marktstand von Joël Thiébault*

## GEMÜSEGÄRTEN IN DER STADT

Seit einigen Jahren gibt es in vielen europäischen Städten, darunter natürlich auch Paris, Projekte für Gemüsegärten in der Stadt. Man findet sie in ehemals brachliegenden Zonen, in der Mitte eines Verkehrskreisels, in Schulen und auf den Dächern mancher Häuser. Die in Großbritannien entstandene Bewegung Incredible Edible („Unglaublich essbar") spiegelt diese Tendenz wider. Die Idee dahinter ist, die Städte in kostenlose Gemüsegärten zu verwandeln. Vielleicht liegt die Zukunft der Stadt ja in der Natur.

## DIE GEMÜSEGÄRTEN DER KÜCHENCHEFS

Die Küchenchefs, stets auf der Suche nach dem Besonderen, legen sich immer häufiger ihre eigenen Gemüsegärten an. Das Restaurant La Chassagnette in der Nähe von Arles hat seinen eigenen Gemüsegarten und baut auf mehreren Hektar mehr als 300 verschiedene Kräuter- und Gemüsesorten an. Der Drei-Sterne-Koch Yannick Alléno hat im achten Stock eines Pariser Gebäudes einen Gemüsegarten angelegt. Alain Passard, ein Wegbereiter der Gemüseküche, war einer der ersten, die „an das Gemüse geglaubt haben", und hat schon vor mehr als zehn Jahren einen wunderbaren Gemüsegarten geschaffen. Er war ein Visionär …

## PORTRÄT

Sylvain Picard, der Chefgärtner von Alain Passard, spricht über diesen wunderbaren Garten in der Nähe von Le Mans.

*Wann haben Sie den Gemüsegarten angelegt?*
Vor ungefähr zehn Jahren kam Alain Passard mit einem schönen Projekt zu mir: Es ging darum, einen Gemüsegarten anzulegen, dessen Erzeugnisse ausschließlich für die Küche seines Restaurants bestimmt waren. Alles musste von Grund auf neu gemacht werden. Früher gab es an der Stelle des heutigen Gemüsegartens einen Ziergarten, dann wurden abwechselnd Mais und Weizen angebaut. Ich habe also an diesem wunderbaren Ort, der von zweieinhalb Hektar denkmalgeschützten Wassergräben umgeben ist, einen Gemüsegarten angelegt.

*Wie sind Sie dabei vorgegangen?*
Ich habe den Boden so bearbeitet, dass ein ganz neues Ökosystem entstanden ist.

*Warum ist das Gemüse aus diesem Gemüsegarten so gut?*
Wir arbeiten teilweise mit der Zugkraft von Tieren, damit die Erde nicht zu sehr verdichtet wird. Wir respektieren die Jahreszeiten: Wir haben im Frühjahr keine Tomaten! Wir wählen nicht die einfachsten und auch nicht die rentabelsten Gemüsesorten aus, sondern entscheiden vor allem nach dem Geschmack. Wir behandeln die Pflanzen nicht mit chemischen Produkten. Wir decken die Pflanzen im Winter ab und verwenden Netze gegen Insekten. Man muss auch akzeptieren, dass manche Gemüsesorten keine perfekte Form haben. Unser Hauptaugenmerk gilt aber ohnehin dem Geschmack.

…/…

# SYLVAIN PICARD

## Gärtner bei Alain Passard

*Linke Seite:* Im Gemüsegarten von Alain Passard pflügt Sylvain Picard mit einem Pferd, um die Qualität des Bodens zu erhalten.

## PORTRÄT
# SYLVAIN PICARD

…/…

***Wie viele Gemüsesorten bauen Sie im Laufe eines Jahres in diesem Garten an?***

400 bis 500 Gemüsesorten und einige Früchte. Wir haben zum Beispiel über 70 Tomatensorten. Wir suchen nach Texturen, Aromen und Farben. Ich habe eine Rettich- und Radieschensammlung angelegt: Rose d'Hiver de Chine (Winterrettich), runder schwarzer Rettich, langer schwarzer Rettich, weißer Daikon (japanischer Rettich), Red-Meat-Radieschen, Green-Meat-Radieschen, violette Radieschen, rote runde Radieschen, lange Radieschen mit weißer Spitze … Wir bauen auch mehrere Kartoffelsorten an: Bleue de la Manche, Belle de Fontenay, Agria, La Ratte, Corne de Gattes und Rote aus Flandern …

***Gibt es ein paar ganz besondere Produkte aus diesem Garten?***

Wir haben hier beispielsweise die Gurke Melothria scabre, eine Minigurke von der Größe einer Olive, die man roh isst und die einfach unvergleichlich gut schmeckt. Wir haben auch Erbsen, die pflücken wir so jung, dass sie kaum größer als Beeren sind. Das ist ein Konzentrat aus Zucker und Aromen. Diese Art von Produktion kann man nicht für den Markt machen. Der Kilopreis wäre viel zu hoch.

*Oben und auf der rechten Seite:  
Zucchini und frisch geerntete  
Bohnenkerne*

# „MARKEN"-GEMÜSE

*Frankreich ist das Land mit den meisten Käsesorten. Aber auch das Gemüse ist ein schönes Beispiel für die reiche Vielfalt der Landwirtschaft in Frankreich.*

Viele Anbaugebiete in Frankreich haben ihr „Star-Gemüse". Manche Sorten sind sehr bekannt: der Feldsalat aus Nantes, die grünen Puy-Linsen oder die Mogette, eine weiße Bohne aus der Vendée. Es ist wichtig, dass dies so bleibt, um die Vielfalt zu erhalten, die für die französische Landwirtschaft und mittelbar auch für die französische Küche so typisch ist. Es gibt den Lauch aus Créances, die Kartoffel aus Merville, die Bohnen aus Tarbes und die grünen Linsen aus dem Berry, die weißen Bohnen aus dem Norden ...

Von den französischen Gemüsen sind sieben mit dem Qualitätssiegel „AOC" oder dem europäischen Siegel „AOP" (beides bedeutet: kontrollierte Herkunftsbezeichnung) ausgezeichnet: Die Béa aus dem Roussillon, eine Frühkartoffel; die Coco-Bohnen aus Paimpol; die besonders milde Zwiebel aus den Cevennen; die Kartoffeln von der Île de Ré; die rosafarbene Zwiebel aus Roscoff; die grünen Puy-Linsen und der Piment d'Espelette, ein besonders aromatisches Chilipulver aus dem Baskenland. Einige Gemüsesorten verfügen über eine IGP (geschützte Herkunftsbezeichnung), andere wiederum berufen sich auf ihr Terroir, um ihre für die jeweilige Region spezifischen kulinarischen Produkte zu kennzeichnen.

### Deutsche Gemüsegenüsse

Mit rund 95 Kilogramm Pro-Kopf-Konsum jährlich ist der Genuss von Gemüsen in Deutschland etwa gleich beliebt wie in Frankreich. Das wichtigste Gemüse hierzulande ist, mit rund 25 Kilo Pro-Kopf-Konsum, die Tomate. Am meisten essen die Deutschen, nach ihr, Möhren (ca. 9 Kilo pro Jahr), Salate und Speisezwiebeln (8 Kilo), Gurken (6 Kilo) sowie Weiß- und Rotkohl (5 Kilo). Liegt der Selbstversorgungsgrad mit Gemüsen in Frankreich bei 80 Prozent, ist er in Deutschland nur halb so groß. Das heißt: Das hier verzehrte Gemüse stammt zu 60 Prozent aus dem Ausland. Wichtige Anbaugebiete für deutsches Gemüse sind für Frischgemüse z. B. die Pfalz und der Niederrhein. Bekannt für ihren Gemüseanbau sind aber ebenso gut z. B. die Insel Reichenau und das Fränkische Knoblauchsland bei Bamberg. Für Feld- und Verarbeitungsgemüse wie Zwiebeln oder Gurken sind z. B. Niederbayern und der Spreewald namhaft. Leipziger Allerlei, Teltower Rübchen, Dithmarscher Weißkraut, Niedersächsischer Grünkohl, Dicke Bohnen oder auch Stielmus aus Westfalen, Kasseler Strünkchen, Fränkischer Meerrettich, Bayerischer Radi, Spitzkohl von den Fildern und nicht zuletzt das Nationalgemüse Sauerkraut – größer als in ihren Profi-Anbaugebieten ist die regionale Vielseitigkeit deutscher Gemüse nur noch im eigenen Garten!

# HÜLSENFRÜCHTE

Bohnen, Bohnenkerne, Kichererbsen, Spalterbsen, Linsen, Sojabohnen und Erdnüsse sind Hülsenfrüchte, d.h. Kerne, die von einer Hülse umhüllt sind. Oft werden sie im Handel getrocknet angeboten. Die richtige Zubereitung ist sehr wichtig, da davon die – manchmal schwierige – Verdaulichkeit der Hülsenfrüchte abhängt. Je dünner die Haut ist, desto leichter fällt dem Körper die Verarbeitung der Hülsenfrüchte. Auf jeden Fall müssen jedoch Hülsenfrüchte so lange gekocht werden, bis sie sich leicht mit der Gabel zerdrücken lassen.

Bei den grünen Linsen gibt es zwei Hauptanbaugebiete: Puy-en-Velay und Berry, eine Landschaft in Zentralfrankreich. Die Puy-Linsen werden von Mitte Juli bis Mitte September geerntet, die Berry-Linsen im Laufe des Monats Juli.

Es werden auch sehr viele getrockneten Bohnen produziert. Die Coco-Bohne aus dem bretonischen Paimpol ist eine der bekanntesten: Sie ist halb-getrocknet, perlmuttweiß, und ihre Hülse ist rot gepunktet.

Flageolet-Bohnen (**1**)
Rote Bete „Crapaudine" (**2**)

## PORTRÄT

# OLIVIER DURAND

## Ein begabter Gemüsebauer

**Olivier Durand ist Mitte dreißig und hat seinen Betrieb in Sorinières in der Nähe von Nantes. Schon als Kind begeisterte er sich für Gemüse.**

Bereits im Alter von sechs Jahren besaß er sein eigenes Gemüsebeet und verkaufte die Früchte seiner Arbeit an die Kunden des Restaurants seiner Eltern. Die Eltern wollten auf keinen Fall, dass er Koch werden würde: „Dieser Beruf ist zu schwierig." So wandte er sich anstelle der Küche dem Garten zu. „Ich bin Gemüsebauer geworden, weil ich das Gemüse, das ich gerne essen wollte, nirgendwo zu kaufen fand." Und *wie* ist er Gemüsebauer geworden? Auf einigen Umwegen. Mit einem Diplom für Agraringenieurswesen und einem Master in Anthropologie arbeitete er über ein Virus der Yamswurzel und über die Migration von Bauern aus dem nordöstlichen Thailand in die Slums von Bangkok; er beschäftigte sich mit fossiler Stärke und mit japanischer Landwirtschaft … Ob Naturwissenschaften oder Gesellschaftswissenschaften, Olivier Durand interessierte sich für alles. Er hat die Welt bereist – Schweiz, Elfenbeinküste, Thailand, Guadeloupe, Japan, Québec … All diese Erfahrungen helfen ihm heute, gutes Gemüse zu produzieren: „Ich habe drei Monate lang bei 13 verschiedenen Gemüsebauern in Japan verbracht. Manche arbeiteten nach dem Prinzip des Natural farming, bei dem man aussät und dann schaut, was wächst. Vor allem wird dabei kein Unkraut gejätet. Alles, was ich über Landwirtschaft gelernt hatte, wurde in Frage gestellt … In Thailand habe ich ein Bio-Feld gesehen, dessen Ertrag höher war als der des benachbarten konventionell bearbeiteten Feldes. Das hat mich zum Nachdenken gebracht." Er lehnt es daher ab, sein Gemüse (schlecht) zu behandeln.

*Wie sieht der Tag eines Gemüsebauers aus?*
„Das ist schwer zu sagen, denn es hängt vom Wetter ab. Man schaut in den Himmel, dann entscheidet man sich. Im Frühjahr, wenn die Tomaten feucht sind und der Himmel bedeckt ist, verbringe ich meinen Tag damit, die Tomatenpflanzen zu schütteln, damit sie keinen Mehltau bekommen." Gibt es eine natürliche Methode? Aber das Allerwichtigste ist vielleicht, Zeit auf den Feldern zu verbringen anstatt vor dem Computer. …/…

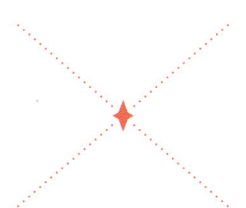

# Porträt
# OLIVIER DURAND

…/…

„Bevor man kauft, sollte man immer die Hand des Verkäufers genau anschauen. Keine Lauchstange verlässt meinen Hof, ohne dass ich sie nicht mindestens einmal angefasst habe."

Olivier Durand baut ungefähr 60 verschiedene Gemüsesorten an. Fünf Sorten Rote Bete, ungefähr zehn verschiedene Radieschen, sieben Zwiebelsorten, verschiedene Lauchsorten – z.B. Jaune du Poitou oder Bleu de Solaise – Chantenay-Karotten oder die gelbe Karotte Jaune du Doubs, aber auch rote, lange, riesengroße oder Mini-Karotten … Jedes Jahr pflanzt er ein neues Gemüse an. „Ich möchte gerne verschiedene Bohnensorten ausprobieren. Letztes Jahr habe ich versucht, Melonen anzubauen, aber das Ergebnis war nicht zufriedenstellend. Ich muss das im nächsten Sommer noch einmal probieren." In seinem wunderschönen Gewächshaus pflanzt er Probekulturen von Mais und Senfblättern. Er hat drei oder vier verschiedene Sorten Schnittlauch, Basilikum und andere Küchenkräuter. Die Tomaten leuchten in den schönsten Farben. „Ob Sommer oder Winter, wir haben hier ein Feuerwerk der Farben. Ich stelle mir ein ganzes Spektrum an Geschmack, Farben und Texturen vor. Ich bin enttäuscht, wenn ich vor einer Gemüseauslage stehe und es gibt nur eine Sorte Auberginen oder Zucchini." Mit 5000 Quadratmetern bewirtschafteter Fläche ist Olivier Durand einer der kleinsten Gemüsebauern Frankreichs, aber wahrscheinlich einer der besten …

Olivier Durand erntet sein Gemüse am frühen Morgen, damit der Geschmack in seiner ganzen Fülle erhalten bleibt.

# VOM FELD IN DIE KÜCHE

*In den Gemüseabteilungen der Supermärkte gibt es heute eine Vielfalt von vorgewaschenem, vorgeschnittenem, ja sogar vorgekochtem Gemüse, um uns die Arbeit zu erleichtern. Es mag zwar sehr praktisch sein, dieses vorbereitete Gemüse zu kaufen, aber für den Gaumen ist es nicht sehr befriedigend. Wenn Sie Gemüse mögen, dann sollten Sie selbst Hand anlegen und geduldig sein. Das Ergebnis wird Sie überzeugen …*

Oben:
Ganz frisch geernteter Spinat,
um den sich die Sterneköche reißen

## DIE VORBEREITUNG

Gemüse macht ein bisschen Arbeit: Man muss es waschen, schälen, häuten, manchmal die Stiele und Blütenansätze abschneiden, die Kerne entfernen, fein schneiden …

Hier sind einige Tipps, die Ihnen diese Aufgabe erleichtern:
– Knollensellerie mit einem Messer schälen, nicht mit dem Sparschäler, das geht schneller.
– Spargelspitzen nicht schälen, nur den unteren, härteren Teil der Stangen.
– Junges Gemüse (Frühgemüse oder neues Gemüse) nur mit einem Messer abkratzen, nicht schälen, denn meistens befindet sich der Großteil der Vitamine direkt in der Schale.

### Müssen Kartoffeln vor dem Kochen geschält werden?

Das hängt von der Kartoffelsorte und von der geplanten Zubereitung ab. Werden die Kartoffeln, vor allem kleine, gedämpft, um sie „natur" als Beilage zu Fleisch oder Fisch zu essen, dann kocht man sie besser in der Schale. Das macht weniger Arbeit, und manche mögen den Geschmack auch lieber.

Für ein Kartoffelpüree gibt es zwei Möglichkeiten der Zubereitung:

**Nach Art des Chefkochs:** Die Kartoffeln werden mit der Schale gekocht, damit sie möglichst wenig Wasser aufnehmen. Dann werden sie heiß geschält – Achtung, die Finger nicht verbrennen. Dann wird das Püree mit Butter aufgeschlagen; dabei nimmt man so viel Butter wie Kartoffeln. Häufig werden dazu festkochende Sorten verwendet, die ursprünglich gar nicht für ein Püree vorgesehen sind, wie zum Beispiel La Ratte oder in Deutschland das Bamberger Hörnle. Weil dieses Püree sehr viel Butter enthält, serviert man es in kleinen Portionen als reinen Gaumenschmaus.

**Nach Hausfrauenart:** Die Kartoffeln werden vor dem Kochen geschält und man verwendet große, mehligkochende Sorten. Sie werden in Salzwasser gekocht, dann nimmt man sie aus dem Wasser und stellt zusammen mit einer kleinen Menge des leicht stärkehaltigen Kochwassers und einer kleinen Portion Butter (oder mit Milch und Butter) ein Püree her, das man mit etwas Muskat würzen kann. Die Konsistenz dieses Pürees ist nicht so fest, und der Eigengeschmack der Kartoffeln ist präsenter. Ein solches Püree ist kalorienärmer als das der Küchenchefs. Es ist eine Beilage.

## PORTRÄT

Anthony Beldroega arbeitet im L'Arpège, dem Drei-Sterne-Restaurant von Alain Passard im 7. Pariser Arrondissement. 2003 fing er dort an, 2005 wurde er Souschef, ein Posten, den er mit Vergnügen innehat. Er sagt von sich selbst, dass er „mitten im Gemüse" aufgewachsen ist. Er stammt aus dem Anbaugebiet Sarthe, wo sein Großvater im Alter von 81 Jahren immer noch die Gemüsebeete umgräbt.

*Was muss man beim Kochen von Gemüse beachten?*
Vor allem muss man auf die Jahreszeiten achten. Es gibt das ganze Jahr über Gemüse, und jedes Gemüse kann sehr interessante Texturen und Aromen entwickeln. Außerdem sollte man sich trauen, Gemüse und Obst zu verbinden. Tomate passen zum Beispiel sehr gut zu Erdbeeren, Lauch und Kiwis, Rüben passen zu Rhabarber, und schwarzer Rettich harmoniert mit Birne usw.

*Eignet sich Gemüse für alle Zubereitungsarten?*
Gemüse kann man schmoren, konfieren, frittieren, dämpfen oder auch roh zubereiten. Es gibt sehr viele Möglichkeiten. Im L'Arpège bereiten wir Rote Bete in einer Salzkruste zu. Sie wird mehrere Stunden lang im Salzteig gebacken; dabei entsteht ein harmonisches Gleichgewicht mit dem zarten Geschmack der Beten. Das schmeckt einfach wunderbar.

*Gibt es wichtige Regeln für die Zubereitung von Gemüse?*
Man muss möglichst die ursprüngliche Form beachten. Wenn man einen Kohlkopf aufschneidet, dann sieht man die schöne Anordnung der Blätter. Die sollte man bei der Zubereitung beachten und den Kohl zum Beispiel vierteln und dann schmoren, damit dieses grafische Muster erhalten bleibt.

*Kann man Gemüse auch als Dessert zubereiten?*
Selbstverständlich. Im L'Arpège haben wir Rübensplitter in einer Dragéehülle auf der Speisekarte, oder die berühmte Tomate, die wir mit zwölf Aromen konfieren. Der beste Rat, den ich geben kann, ist der, dass man sich trauen sollte, Gemüse wirklich zu kochen und es nicht nur als Beilage zu Fleisch und Fisch zu sehen. Bei manchen Gemüsen muss man das Geschmackspotenzial durch verschiedene Würzstoffe (Kardamom, rosa Pfeffer, Sternanis …) und Gewürzkräuter hervorlocken. Außerdem sollte man die ganze Vielfalt von Pflanzenölen (Kürbiskernöl, Pistazienöl, Leinöl, Haselnussöl …) ausschöpfen.

# ANTHONY BELDROEGA

## Souschef bei Alain Passard

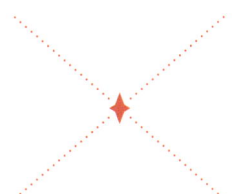

*Linke Seite:*
Ein Bund Spargel mit Zitronengras, stehend gekocht, um die Textur des Spargels optimal zu erhalten.

# AUFBEWAHREN UND KONSERVIEREN

*Gemüse muss gut gedeihen, und natürlich muss es gut zubereitet werden. Aber auch die Aufbewahrung und Lagerung ist sehr entscheidend. Ein gutes Gemüse kann sein ganzes Potenzial einbüßen, wenn es durch Kälte, oder aber im Gegenteil durch Wärme, zerstört wird.*

Die meisten Gemüsearten werden im Gemüsefach des Kühlschranks aufbewahrt. Tomaten stellen allerdings die Ausnahme von dieser Regel dar: Es wird empfohlen, sie nicht im Gemüsefach, sondern bei Zimmertemperatur aufzubewahren, da sie weiterreifen. Außerdem wird das Aroma der Tomaten durch die Kälte zerstört. Aber Vorsicht: Im Sommer, wenn es sehr heiß ist und die Tomaten bereits sehr reif sind, kann es sinnvoll sein, sie kühl aufzubewahren, damit sie nicht verderben.

Das meiste Gemüse kann man nach dem Einkauf direkt in den Kühlschrank legen, nur beim Salat empfiehlt es sich, ihn zu waschen, gut trocken zu schleudern und dann erst ins Gemüsefach zu legen. In einer luftdicht verschlossenen Dose hält er sich länger frisch. Welker Salat wird wieder frisch, wenn er eine Stunde in kaltes Wasser gelegt wird. Diese Frische ist allerdings nur äußerlich: Die Vitamine sind unwiederbringlich verloren.

Wir raten Ihnen, das Gemüse immer zu essen, wenn es Saison hat, da so der volle Geschmack im Teller erhalten bleibt. Es kann aber sein, dass man mitten im Winter Lust auf Spargel, Tomaten oder Erbsen bekommt. Denken Sie daher daran, das Gemüse in Einmachgläsern haltbar zu machen oder im Gefrierschrank aufzubewahren. Auch bereits gekochtes Gemüse – Ratatouille, Auberginen in Öl, im Backofen gegrillte Paprikaschoten oder Tomatensauce zum Beispiel – kann tiefgefroren oder in Gläsern eingemacht werden. In Gläsern kann Gemüse auch in Salzwasser haltbar gemacht werden, wie zum Beispiel Erbsen, Dicke Bohnen und grüne Bohnen. Dazu werden sie blanchiert, in ein sterilisiertes Glas gefüllt und verschlossen. In kochendem Wasser werden die Gläser dann eine Stunde sterilisiert. Beim Tiefgefrieren wird das Gemüse ohne Vorbereitung, also roh, in Behälter gefüllt. Mit einem Vakuumiergerät kann es luftdicht verpackt werden. Erbsen, Zuckerschoten, grüne Bohnen, Zucchini in Scheiben, Spargelspitzen, Steinpilze oder Pfifferlinge bleiben auf diese Weise wunderbar frisch. Es genügt, sie vor dem Einfrieren gründlich zu putzen. Meist ist es am besten, das Gemüse tiefgefroren zu kochen und nicht erst auftauen zu lassen. So bleibt es fester.

*Rechte Seite:*
Radichetta, eine Kopfsalatsorte
mit gezackten zarten Blättern

# KOCHEN

*Gratins werden überbacken, Kartoffeln werden gebraten, Spargel wird meistens gedämpft oder in Wasser gekocht. Lauch wird genauso zubereitet. Und wenn man alles ganz anders machen würde?*

Es gibt drei unterschiedliche Methoden, Gemüse zu kochen.

### Dämpfen

Das Dämpfen ist eine schnelle Zubereitungsart, bei der die Vitamine im Gemüse am besten erhalten bleiben. Das Gemüse kann direkt nach dem Dämpfen gegessen werden, es kann aber auch aufbewahrt und später wieder aufgewärmt werden.

### Direkt erhitzen

Hier ist das Gemüse in direktem Kontakt mit der Hitze, es kann gebraten, geschmort oder gegrillt werden, durchaus auch auf dem Holzkohlegrill.

In der Form werden Aufläufe oder gefülltes Gemüse zubereitet, die Pfanne ist der richtige Ort für Kartoffeln, Wurzelgemüse oder Tomaten. Alle Gemüsesorten können im Backofen zubereitet werden. Das gilt auch für Lauch: Dazu werden die äußeren Blätter abgezogen, die Stangen werden der Länge nach halbiert, mit etwas Öl beträufelt und sanft gegart. Auf diese Weise wird der Lauch sehr zart und vor allem sehr aromatisch. Genauso können Fenchelknollen, Knollensellerie und auch Karotten zubereitet werden. Alle Wurzelgemüse eignen sich dafür. Ein anderes Beispiel sind frische Erbsen, Zuckerschoten oder Dicke Bohnen: Wenn Sie dieses Gemüse bisher im kochenden Wasser gekocht oder gedämpft haben, sollten Sie es einmal direkt in der Pfanne versuchen. In der Tat kann man Erbsen in etwas Butter und Öl hervorragend zubereiten. Sie werden dadurch zwar ein bisschen faltig, aber sie bekommen einen sehr kräftigen Geschmack.

### In Wasser garen

Hierzu wird das Gemüse in einem Topf mit Salzwasser gekocht, ohne Deckel. Es wird direkt in das kochende Wasser gegeben. Nur Kartoffeln legt man ins kalte Wasser. Glasiertes Gemüse kocht man erst in wenig Salzwasser, dann gießt man das Wasser ab und fügt Butter und Zucker hinzu. Dadurch erhält es einen schönen Glanz.

### Und warum nicht roh?

*Selbstverständlich kann Gemüse auch roh gegessen werden. Meistens haben rohe Produkte mehr Vitamine als gekochte. Man muss allerdings sehr auf die Frische des Produkts achten, denn Gemüse kann an der Luft innerhalb von drei Tagen bis zu 50 Prozent seiner Vitamine verlieren. Ob roh oder gekocht, was den Nährwert betrifft, ist es dann weniger interessant als ein frisches Produkt.*

*Bei manchen rohen Gemüsen ist allerdings Vorsicht geboten. Sie könnten den Darm reizen, da sie, vor allem in großer Menge genossen, schwer verdaulich sind. Durch das Erhitzen werden die Ballaststoffe aufgespalten, daher wird das Gemüse auf diese Weise bekömmlicher. Man muss also den richtigen Mittelweg zwischen rohem und gekochtem Essen finden.*

## WUSSTEN SIE DAS?

Ursprünglich wurden Vichy-Karotten in Vichy-Mineralwasser gekocht, dem man ein Stück Butter zugab. Dieses Wasser enthält sehr viel Bicarbonat, die Karotten wurden darin gut gegart und behielten ihre Farbe.

---

## TIPP

Wenn Sie den Kochvorgang des Gemüses schnell stoppen wollen, damit es bissfest und knackig bleibt, sollten Sie es aus dem Topf nehmen und sofort in Eiswasser tauchen.

Damit die Farbe frisch bleibt, wird dem Kochwasser etwas Natrium-Bicarbonat hinzugefügt.

Kopfsalat, für eine Suppe blanchiert (**1**)
Zucchinicreme,
im Dampf gekocht bei Pierre Gagnaire (**2**)

*Linke Seite:* Im Backofen getrocknete Tomate

*Oben:* Gemüse werden in der Gastronomie auf ganz unterschiedliche Weise zubereitetet:
(**1**) Verschiedenfarbige Zucchini, in Butter gebraten (**2**) Schlosskartoffeln, mit Butter bestrichen (**3**) Gefüllte Paprika
(**4**) Die Auberginen werden direkt in der Flamme abgebrannt, um die Haut zu entfernen (**5**) Kohlblätter, in der Pfanne gebraten
(**6**) Kopfsalat-Aumonière mit Austernfüllung (**7**) Tomaten, mit konfierten Früchten gefüllt und in Orangensaft gekocht, von Alain Passard

## FRÜHGEMÜSE

Frühgemüse, ob Kartoffeln, Karotten oder Rübchen, werden immer geerntet, bevor sie ganz reif sind. Sie sind das allererste Gemüse des Frühjahrs, haben einen sehr feinen Geschmack und ist sehr zart und saftig.

### Wie bereitet man Frühgemüse zu?

Frühgemüse ist empfindlicher als anderes Gemüse. Es wird nur kurz gewaschen und darf nicht im Wasser liegen. Es hat eine zarte Schale oder Haut, die nicht entfernt werden muss; es reicht völlig, sie abzukratzen. Frühgemüse eignet sich sehr gut für die Zubereitung im Dampfgarer. Beim schnellen Garen bleiben die Vitamine erhalten und das Gemüse bleibt knackig. Frühgemüse enthält sehr viel Wasser.

Zu den meisten
Gemüsegärten gehört
ein Gewächshaus,
in dessen Schutz das
Gemüse wächst.

PORTRÄT

# PHILIPPE MORICE

## Das Gemüse liegt in der Familie

**Philippe Morice hat seinen Hof in Abrainville, im Département Essone. Das Gemüse liegt ihm sozusagen im Blut.**

Die Eltern von Philippe Morice kamen als Landarbeiter aus der Bretagne und wurden Gemüsebauern. Vielleicht wird auch der Sohn von Philippe Morice Gemüsebauer: Er bewegt sich auf jeden Fall in diese Richtung; im Moment macht er eine landwirtschaftliche Ausbildung. „Es hat ihn nicht abgeschreckt, mich arbeiten zu sehen", stellt Philippe Morice zufrieden fest. Und das hat seinen Grund: Sein Arbeitstag ist wirklich nicht eintönig. „Natürlich kann man das ganze Jahr über Spinat oder Mangold im Plastiktunnel anbauen, aber das Ergebnis ist nicht dasselbe wie auf dem freien Feld." Er passt seine Kulturen den Jahreszeiten an.

Philippe Morice baut ganz klassisches Gemüse an: Karotten, Rüben, Kartoffeln, Tomaten, Fenchel, mehrere Arten von Kohl, schwarzen Rettich im Winter und rosa Radieschen im Frühjahr, verschiedene Endiviensorten im Winter, grüne Bohnen, Erbsen … Auf 9 Hektar Land gibt es viel zu tun. Sein Motto: Gemüse anbauen, das schmeckt. Das ist recht selten geworden, deshalb muss es betont werden. In der Tat muss man nicht immer nach seltenen Varietäten suchen, es genügt, das Gemüse in reifem Zustand zu ernten.

Philippe Morice ist stolz darauf, den Hokkaido-Kürbis als einer der ersten auf den Pariser Märkten eingeführt zu haben. Was ist der Unterschied zu den anderen Kürbissen? Der Hokkaido-Kürbis hat ein festeres Fruchtfleisch und man kann ihn wie Kartoffeln kochen. Und außerdem enthält er mehr Carotin. Andere Kürbisse, die mehr Wasser enthalten, eigenen sich gut für Suppen und Pürees.

…/…

*Linke Seite:*
Rote Bete in der Erde

# PORTRÄT
## PHILIPPE MORICE

.../...

Philippe Morice verbringt viel Zeit auf den Feldern, aber er fährt auch drei Mal in der Woche auf den Markt. „Das ist meine Pause." Er kommt dort um fünf Uhr morgens an und baut alles auf, damit zwischen halb acht und acht Uhr alles bereit ist. Ein Moment der Entspannung, der Geselligkeit und der Austauschs. Philippe Morice scherzt mit seinen Kunden, die meisten kennt er schon seit Jahren. „Wir reden über unser Leben, über die Kinder." Die Anstrengung der ganzen Woche bekommt hier ihren Sinn. Und die Kunden freuen sich, „ihren" Gemüsebauern zu sehen.

Philippe Morice verkauft sein Gemüse seit 1981 auf dem Markt und hat eine Veränderung beim Gemüsekonsum festgestellt. Es wird jetzt weniger Gemüse gegessen, dafür aber öfter. Manche Gemüsesorten, wie zum Beispiel Tomaten, Gurken und Radieschen, die einfach zuzubereiten sind und wenig Kalorien haben, werden öfter verkauft als Salate, deren Zubereitung mehr Zeit erfordert. Aber ein frischer Salat, am Vorabend gepflückt und am Morgen ganz frisch verkauft, wird Ihnen viel mehr Freude bereiten als abgepackte Salatblätter in einer Tüte.

*Abbildung auf der rechten Seite:*
Große Gurken im Gewächshaus
von Philippe Morice.

Zucchiniblüten beim Braten in der Pfanne

# FRÜCHTE ODER GEMÜSE?

*Gemüse als Vorspeise und als Hauptgericht, Früchte als Nachspeise: Sie lautet die Regel, aber man kann sie ändern, um Neues zu erfinden und die Geschmacksnerven ein bisschen zu kitzeln. Mit Karotten, Tomaten und anderen Gemüsen, die sehr viel Zucker enthalten, kann man falsche Spuren legen.*

Manche Früchte werden als Gemüse betrachtet. So ist die Tomate ganz in das Reich der salzigen, pikanten Küche übergewechselt, obwohl sie aus botanischer Sicht eine Frucht ist, auch wenn das überraschend klingt. Wenn Sie allerdings schon mal vollreife Tomaten direkt aus dem Beet gegessen haben, wissen Sie, wie süß sie sein können. In Marokko wird eine sehr milde Marmelade aus roten Tomaten zubereitet, die uns an die wahre Natur der Tomaten erinnert. Alain Passard (siehe Seite 27) serviert in seinem Restaurant L'Arpège in Paris eine Tomate, die mit 12 Aromen konfiert wird.

Maronen, Kastanien, Haselnüsse und Walnüsse sind ebenfalls Früchte, die oft als Gemüse zu Fleisch gereicht werden. Im Gegensatz dazu ist Rhabarber ein Gemüse, das meist wie eine Frucht zubereitet wird.

## DIE BLÜTEN

*Blüten werden seit Jahrhunderten gegessen, zum Beispiel das kandierte Veilchen aus Toulouse, Rosenblättchen in Gelee, frittierte Zucchiniblüten, Jasminblüten im Tee oder, noch häufiger, Artischocken und Blumenkohl (denn auch diese Gemüse sind ja eigentlich Blüten). Aber im Sommer finden wir beim Gemüsehändler, manchmal sogar im Supermarkt, echte Blüten mit Blütenblättern, die auch in unserem Garten oder auf dem Balkon blühen, beispielsweise Kapuzinerkresse, Borretsch, Veilchen und Primeln. Sie werden allerdings etwas anders angebaut: ohne Dünger und chemische Produkte.*

*Blüten sind aufgrund ihrer Farbenpracht sehr dekorativ, sie entwickeln jedoch ganz verschiedene und besonders zarte Aromen. Sie können als Gewürz oder als Gemüse verwendet werden. Borretsch ist jodhaltig und passt ganz hervorragend zu Fisch. Das Aroma der Ringelblume erinnert an Safran, mit ihren abgezupften Blütenblättern kann man Reis aromatisieren. Die würzigen Blüten der Kapuzinerkresse, die im Geschmack etwas an Rettich erinnern, haben abschließend eine leicht süße Note und eignen sich als Zugabe zu einem Aperitif.*

*Vorsicht, wenn Sie sich in der Pflanzenkunde überhaupt nicht auskennen. Sie sollten nicht einfach irgendwelche Blüten pflücken, denn einige, wie zum Beispiel Tulpen oder Maiglöckchen, sind recht giftig.*

*Abbildung oben:* Borretschblüten (links)
Zucchiniblüten im Beet (rechts)

## PORTRÄT

Joël Thiébault, der seinen Betrieb in Carrières-sur-Seine im Département Yvelines hat, ist seit über 20 Jahren ein Star-Gemüsebauer, der von den großen Küchenchefs sehr geschätzt wird, aber auch von den Parisern, die jede Woche geduldig an seinem Stand anstehen. Wie kommt dieser Erfolg zustande? Wohl vor allem durch die hohe Qualität seiner Ware und durch sein Team von kundigen Verkäufern, die gerne Tipps zur richtigen Zubereitung geben oder neue Rezeptideen haben. Joël Thiébault erzählt uns seinen beruflichen Werdegang und wie er den Gemüseanbau von heute sieht.

*Seit wann arbeiten Sie als Gemüsebauer?*
Ich habe meinen Betrieb 1976 gegründet, aber auch meine Eltern und Großeltern waren schon Gemüsebauern. Meine Familie lebt seit 15 Generationen in Carrières-sur-Seine. Wir waren schon im Mittelalter dort! Früher wurde hier Gemüse und auch Obst angebaut. Im 18. Jahrhundert wurde in der Gegend eine alte Kirschenart angebaut, die vollständig verschwunden ist und von der man nur im Nationalarchiv noch Spuren findet. Auch der berühmte Spargel von Argenteuil wurde hier angebaut.

*Charakteristisch für Ihren Betrieb ist die Vielfalt der angebauten Gemüse. Wann haben Sie damit begonnen?*
Meine Eltern hatten ihren Anbau schon stark diversifiziert. Ich habe dann damit weitergemacht, vor allem indem ich Gemüse eingeführt habe, das früher in Südfrankreich üblicher war, wie zum Beispiel Auberginen. Ich habe festgestellt, dass ich gute Ergebnisse erzielen kann, wenn ich Arten aussuche, die dem Klima im Norden angepasst sind, und mit der Größe variiere. Außerdem haben die „Standard"-Gemüse durch den Großhandel, der seinen Marktanteil ausgebaut hat, immer mehr an Qualität eingebüßt. Der Großhandel hat den Saatgutherstellern die Richtung ihrer Produktion vorgegeben. Daher habe ich angefangen, nach anderen Varietäten zu suchen, und ich habe eine breite Palette an Farben, Texturen und Aromen entdeckt. Von einer Art kann es ganz verschiedene Gemüse geben.

# JOËL THIÉBAULT

## Gemüsebauer

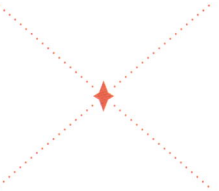

*Vorhergehende Doppelseite:*
Fleischtomaten (links)
Roter Mangold (rechts)

*Linke Seite:*
Kleine schmackhafte Knollensellerie,
eine der Spezialitäten von Joël Thiébault

# Porträt
# JOËL THIÉBAULT

…/…

*Wie produziert man gutes Gemüse?*
Ein Gemüsebauer muss gut beobachten und interpretieren, damit er das Ergebnis beeinflussen kann. Aber man muss bescheiden sein: Unser Einfluss bleibt minimal. Man kann die Ausbildung eines bestimmten Geschmacks oder bestimmter Texturen dank einiger Hilfsmittel (Bewässerung, Schutz mit einer Folie, Belüftung eines Gewächshauses) begünstigen, ohne dass man jedoch beispielsweise eine Tomate in eine durstige Pflanze verwandelt, indem man ihr sehr viel Wasser gibt, damit sie schneller wächst. Man kann auch auf Frühgemüse zu verzichten und kommt auf diese Weise zu Pflanzen, die weniger anfällig für Krankheiten sind.

*Sie bauen mehr als tausend Gemüse- und Kräutersorten pro Jahr an. Verdanken Sie Ihren Erfolg, besonders bei den großen Küchenchefs, dieser Vielfalt?*
Ich verabscheue Routine, und mein Beruf kann sehr schnell zur Routine werden. Daher versuche ich, ganz verschiedene Gemüse anzubauen. Sicherlich ist es diese Vielfalt, die Küchenchefs wie Pascal Barbot, Drei-Sterne-Chefkoch im L'Astrance in Paris, auf uns aufmerksam gemacht hat.

*Sie bauen Ihr Gemüse nicht biodynamisch an, warum?*
Ich bin kein Verfechter von Pflanzenschutzmitteln, aber zur Zeit könnte ich beispielsweise auf Unkrautvernichtungsmittel nicht verzichten. Außerdem mag ich keinen Aufpasser hinter mir stehen haben, der mir sagt, was ich darf und was nicht. Allerdings höre ich, was gesprochen wird; ich lese und verfolge sehr aufmerksam, was es Neues gibt …

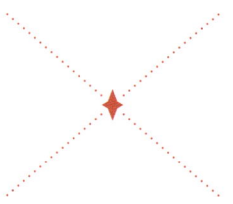

Joël Thiébault baut alle Arten von Gemüsen an, vom einfachen Knollensellerie bis zum Original-Japankohl (einer besonderen Art von Chinakohl).

# KLEINE PFLANZENKUNDE

*Gemüse kann in verschiedene Klassen eingeteilt werden, je nachdem, ob es nach der Pflanzenfamilie oder nach den essbaren Teilen eingeteilt wird.*

## Die botanische Klassifizierung

Sie umfasst verschiedene Gemüse, die in unseren Tellern keine Gemeinsamkeiten aufweisen. So gehören zum Beispiel Kohl und Radieschen zur selben Familie.

**Liliengewächse (Liliaceae):** Knoblauch, Spargel, Schalotte, Lauch …
**Korbblütler (Asteraceae):** Artischocke, Endivie, Chicorée, Kopfsalat, Löwenzahn, Schwarzwurzel, Topinambur …
**Nachtschattengewächse (Solanaceae):** Paprika, Kartoffel, Tomaten …
**Fuchsschwanzgewächse (Amaranthaceae):** Mangold, Rote Bete
**Doldenblütler (Apiaceae):** Karotte, Sellerie …
**Kreuzblütler (Brassicaceae):** Kohl, Brunnenkresse, Radieschen
**Kürbisgewächse (Cucurbitaceae):** Gurke, Kürbis, Zucchini …
**Hülsenfrüchtler (Fabaceae):** Dicke Bohne, Bohne, Linse, Erbse, Soja …
**Baldriangewächse (Valerianoideae):** Feldsalat …
**Knöterichgewächse (Polygonaceae):** Sauerampfer …

## Die Klassifizierung nach Familien

Wenn man kein Botaniker ist, sollte man sich eher an eine andere Klassifizierung halten, die auch die meisten Gärtner benutzen. Sie ist einfacher und praktischer: Sie unterscheidet zwischen Wurzelgemüse, Stängelgemüse, Blattgemüse, Blütengemüse, Fruchtgemüse, Zwiebelgemüse und Knollengemüse.

Aus jeder Familie gibt es Gemüse zu jeder Jahreszeit. Allerdings sind manche Familien eher im Winter vertreten, andere im Sommer: Man findet im Gemüsegarten bei großer Kälte mehr Wurzelgemüse; Blüten- oder Fruchtgemüse gedeihen eher in der warmen, helleren Jahreszeit.

## Die bekanntesten Gemüse-Familien

**Wurzelgemüse:** Karotte, Knollensellerie, Kartoffel, Radieschen, Schwarzwurzel, Rübe, Rote Bete
**Stängelgemüse:** Spargel
**Blattgemüse:** Mangold, Kohl, Endivie, Kresse, Spinat, Kopfsalat, Feldsalat
**Blütengemüse:** Artischocke, Blumenkohl, Brokkoli, Romanesco
**Fruchtgemüse:** Aubergine, Gurke, Kürbis, Zucchini, Chilischote, Paprika
**Hülsenfrüchte:** Dicke Bohnen, Bohnen, Linsen, Erbsen
**Knollengemüse:** Kartoffel, Topinambur, Knollenziest, Helianthis

## KNOLLENSELLERIE: EIN WURZELGEMÜSE

*Knollensellerie wird seiner Knolle wegen gepflanzt (die aber eigentlich eine Wurzel ist). Er ist nicht mit dem Staudensellerie verwandt, es handelt sich um zwei unterschiedliche Varietäten. Staudensellerie gedeiht im Frühjahr, Knollensellerie ist ein Wintergemüse, das zur botanischen Familie der Doldenblütler (Apiaceae) oder zu den Wurzelgemüsen gehört. Knollensellerie ist gut für die Gesundheit und für die schlanke Linie. Mit nur 18 Kalorien pro 100 Gramm ist er eines der kalorienärmsten Gemüse. Er ist allerdings reich an Natrium und Ballaststoffen und daher für eine salzarme Diät nicht geeignet. Ansonsten ist er wärmstens zu empfehlen, da er sehr viele Mineralien, wie zum Beispiel Kalium, Kalzium und Eisen enthält. Außerdem enthält er seltene Spurenelemente wie Chrom und Selen.*

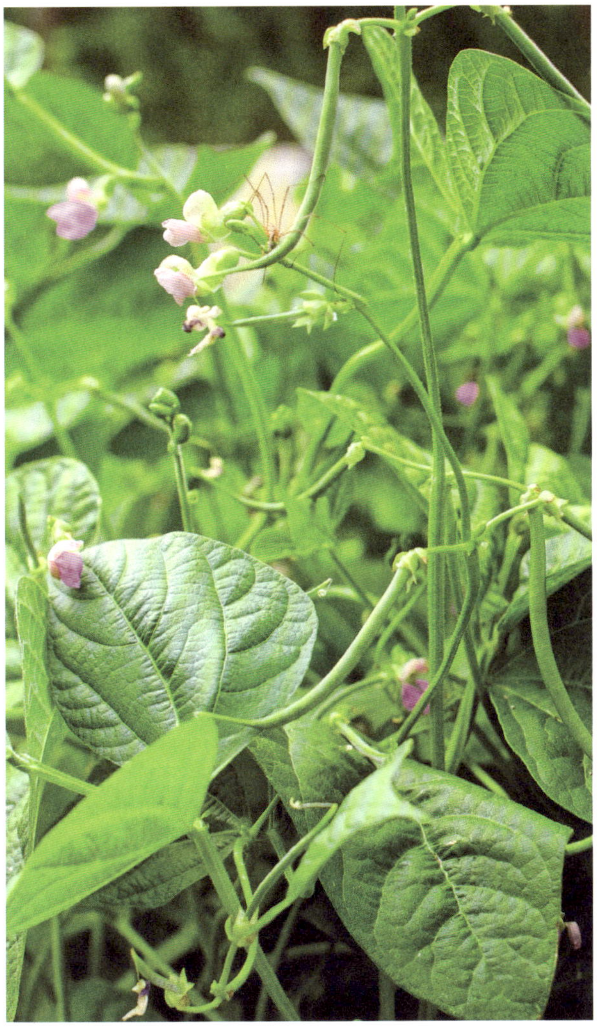

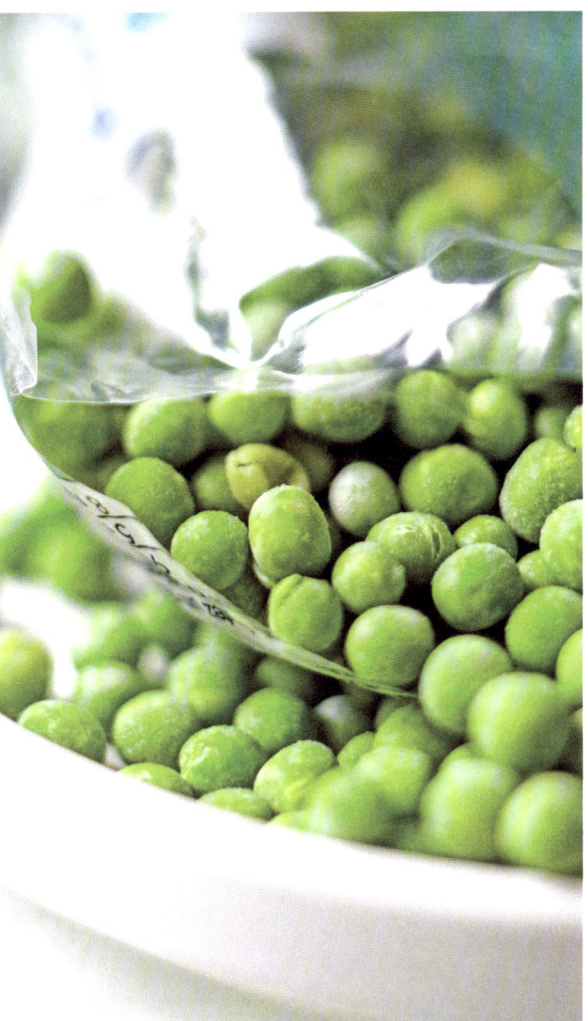

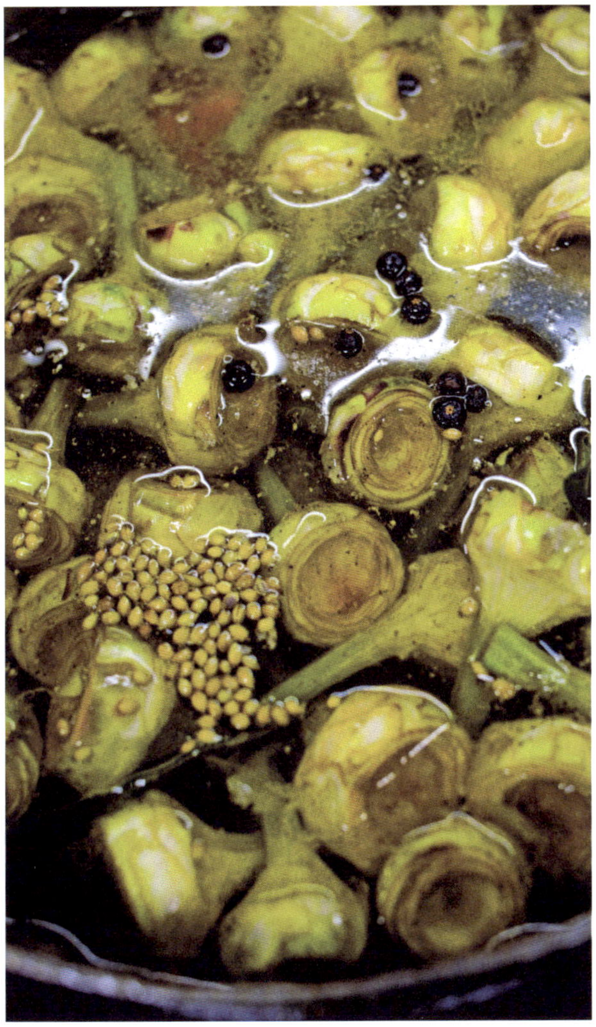

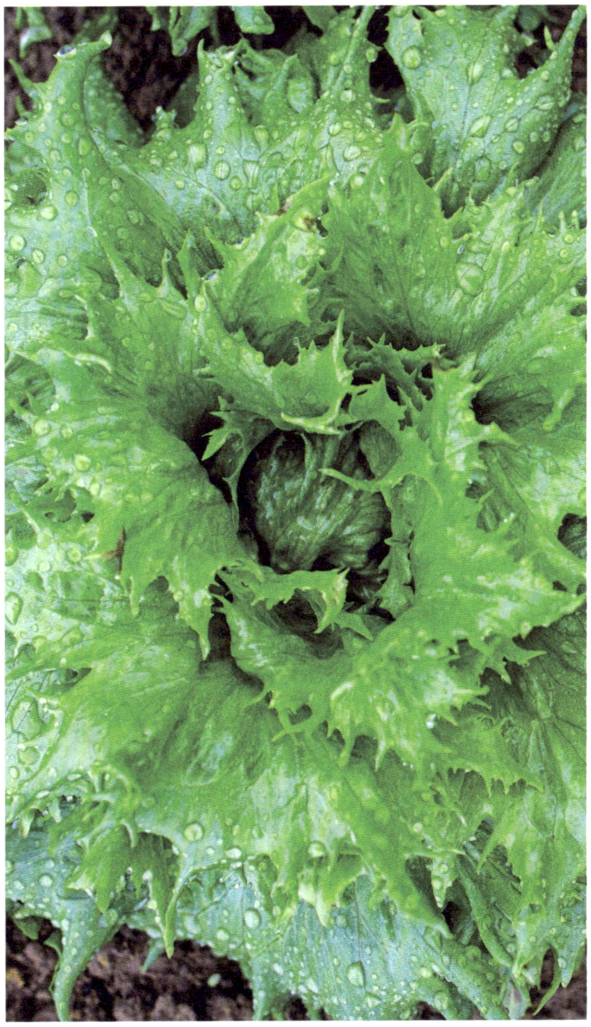

| | |
|---|---|
| 1 | 2 |
| 3 | 4 |

Grüne Bohnen (**1**)
Tiefgefrorene Erbsen (**2**)
Artischocken, in Öl eingelegt (**3**)
Eisbergsalat „Reine des Glaces“ (**4**)

Erstes Kapitel

# FRÜHJAHR

| | | | |
|---|---|---|---|
| Karotte | Fenchel | Erbsen | Weiße Zwiebel |
| Sellerie | Artischocke | Blumenkohl | Portulak |
| Chicorée | Grüne Bohnen | Brokkoli | Mangold |
| Kohlrabi | Spargel | Endivie | Little-Gem-Salat |
| Rotkohl | Dicke Bohnen | Löwenzahn | Rucola |
| Weißkohl | Spinat | Lauch | Rote Bete |
| Rosa Zwiebel | Kartoffel | Goldball-Rübchen | Gelbe Bete |

# FRISCHES GEMÜSE IN VOLLEN ZÜGEN GENIESSEN

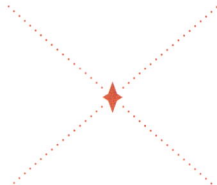

Im Frühling liegt etwas Beschwingtes in der Luft. Das ist auch in unserer Küche zu spüren. Kräftiges Gemüse, Schmorgerichte und Eintöpfe verschwinden vom Speiseplan. Einige Frühjahrsgemüse werden uns bis in den Sommer begleiten. Aber jetzt, zu Beginn des Frühjahrs, nach den dunklen, kalten Monaten, stürzen wir uns darauf, sobald sie auf den Markt kommen: grüne Bohnen, kleine Fenchelknollen, Radieschen, Erbsen, Zuckererbsen … Andere Gemüse gibt es nur für kurze Zeit, die darf man nicht verpassen. Dazu gehört der Spargel – es gibt ihn nur einige Wochen lang und dann müssen wir wieder ein ganzes Jahr darauf warten. Mit den Morcheln ist es dasselbe; sie sind zwar kein Gemüse, werden aber wie Gemüse zubereitet. Aber die Natur macht ihre Sache gut: Diese Produkte sind nicht ganz billig, man könnte sie ohnehin nicht sehr oft essen.

Bei den Farben dominiert in dieser Jahreszeit das Grün, aber es hat eine größere Palette. Es reicht vom zarten Grün der Erbsen und des jungen Fenchels bis zum kräftigeren Grün der jungen Spinatblätter. Mit dem Erscheinen der rosa Radieschen wird die Textur knackiger, und viele Gemüsesorten werden jetzt in der Frühjahrsversion angeboten. Zum Beispiel junge Rüben, junge Lauchstangen, Frühlingszwiebeln, von denen auch die grünen Stängel verzehrt werden, junge Beten, die im Bund mit frischem Blattgrün angeboten werden … Kurz gesagt: Im Frühjahr wird die Natur wiedergeboren und das Gemüse kommt in seiner jugendlichen Form auf den Markt. Die Aromen sind subtil und die Texturen zart.

Kartoffeln sind hierfür ein gutes Beispiel. Wie schön, dass sie heute auch in unserer Küche eher als feines Gemüse behandelt werden und nicht mehr als „Sattmacher", dem man keine besondere Aufmerksamkeit widmen muss! Nach den Wintermonaten mit den Kartoffeln aus dem Vorjahr kommen jetzt die neuen Kartoffeln auf den Markt: Sie werden geerntet, bevor sie ganz reif sind, und ähneln eher einem grünen Gemüse, denn sie enthalten weniger Stärke und mehr Wasser. Diese Frühkartoffeln werden ab Mitte April geerntet. Sie haben eine schmelzende Konsistenz und einen sehr feinen Geschmack. In Frankreich gibt es verschiedene Sorten von Frühkartoffeln. Auf den folgenden Seiten werden sie vorgestellt.

*Vorhergehende Doppelseite*: Roter Kopfsalat
*Gegenüberliegende Seite*: Kirschtomaten, mit Lorbeer angebraten

# FRÜHKARTOFFELN

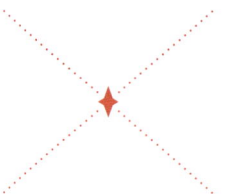

## DIE EXKLUSIVSTE VON ALLEN

Auf der Insel Noirmoutier ist der ganze Geschmack des Frühlings in einer einzigen Kartoffel verpackt. „Kartoffel" ist wirklich ein sehr banales Wort für diese fantastische Knolle, von der auf der Insel vier verschiedene Sorten angebaut werden.

Die Noirmoutier-Kartoffel wird von Mitte April bis zum 31. Juli geerntet. Man erkennt diese Kartoffel auf den ersten Blick an ihrer leicht abblätternden Schale und beim ersten Biss an ihrem süßen, zarten Fleisch. Sie ist sehr empfindlich und wird innerhalb von 72 Stunden nach der Ernte verkauft. Aus dem Einkaufskorb sollten Sie sie sofort in den Kühlschrank legen und lichtgeschützt aufbewahren. Jährlich werden davon ungefähr 13.000 Tonnen produziert, das sind zehn Prozent der Frühkartoffeln in Frankreich. Die Noirmoutier-Kartoffel wird teilweise von Hand geerntet. Das Terroir und die für Noirmoutier typischen Anbaumethoden geben dieser Kartoffel ihren ganz besonderen Geschmack. Ab November sammeln die „Patacons" – so heißen die Produzenten dieser Kartoffeln – Seetang ein und verteilen ihn als natürlichen Dünger auf den Feldern. Die salzige Gischt des Meerwassers besprüht die Blätter der Kartoffelpflanzen, die im Sandboden der Insel gedeihen. Auf Noirmoutier verbindet sich der Kartoffelanbau eng mit den natürlichen Einflüssen des Atlantiks.

## KARTOFFELN MIT AUSZEICHNUNG

Zwei französische Kartoffelsorten erhielten eine „Kontrollierte Herkunftsbezeichnung" (AOC, Appellation d'Origine controlée), ein Qualitätssiegel, mit dem bestimmte landwirtschaftliche Erzeugnisse ausgezeichnet werden.

**Die Frühkartoffel von der Île de Ré:** Sie ist die erste Kartoffel in Frankreich, die 1988 das Qualitätssiegel AOC erhalten hat. Sie wird Ende April/Anfang Mai geerntet, bevor sie ganz reif ist. Sie ist leichter als die Lagerkartoffeln, denn ihre Kohlenhydrate sind noch nicht in Stärke umgewandelt. Daher wird sie auch eher als Gemüse betrachtet und nicht als stärkehaltige Beilage. Ihr leicht süßes Fleisch und ihre salzige Schale verleihen ihr einen einzigartigen Geschmack. Man darf sie daher auf gar keinen Fall schälen; sie wird nur unter kaltem Wasser abgewaschen oder mit grobem Meersalz abgerieben. Da sie klein ist, verkürzt sich die Kochzeit. Im Backofen,

*Rechte Seite:* Ernte von Frühkartoffeln in der Gegend von Paris

## WUSSTEN SIE DAS?

*Die sogenannten „neuen Kartoffeln" (sie werden nach 120 Tagen geerntet) und die „Frühkartoffeln" (sie werden nach 90 Tagen geerntet) werden von Mitte April bis zum 31. Juli verkauft. Wenn die Schale leicht abblättert, handelt es sich um eine Frühkartoffel, bei einer neuen Kartoffel haftet die Schale besser an. Nach dem 31. Juli werden alle Kartoffeln als Lagerkartoffeln bezeichnet.*

Ein Kleinbauer verkauft
sein Gemüse auf dem Markt
in Valence.

gedämpft oder in der Pfanne: Meist reichen 10 Minuten, damit sie schmackhaft und zartschmelzend ist. Und warten Sie nicht zu lange: Sie ist nur im Mai und Juni auf dem Markt.

**Béa du Roussillon:** Sie wird kurz vor der Reife geerntet. Sie hat eine sehr gleichmäßige Form, schmeckt süß und ihr Fleisch ist zartschmelzend. Sie wird in ungefähr 20 Gemeinden des Départements Pyrénées Orientales angebaut und gedeiht dort im halbtrockenen mediterranen Klima. Sie stammt aus dem Roussillon, wird nur dort angebaut und gilt – seit dem 12. Jahrhundert kultiviert – als eine der ältesten Kartoffelsorten Frankreichs. Trotzdem wird sie nur in kleiner Menge produziert: Die Anbaufläche beträgt gerade einmal 150 Hektar, der Ertrag etwa 3000 Tonnen.

## JAHR FÜR JAHR HEISS ERWARTET

Frühkartoffeln wecken auch hierzulande alljährlich Sommergefühle. Ihre Frische und ihr zartes Mundgefühl sind eine Gaumenfreude, das zu allem Feingemüse herrlich passt. Bereits zur Spargelzeit im Mai aus Ägypten oder Zypern verfügbar, gibt es Frühkartoffeln aus heimischem Anbau – z. B. aus der Pfalz – ab etwa Juni (Frühsorten wie Annabelle oder Berber). Schon ab Ende Februar, Anfang März unter Folie angebaut, kommen die noch laubgrün geernteten Frühkartoffeln nach drei bis vier Monaten vom Acker.

Weil die Schale von Frühkartoffeln noch nicht ausgereift ist, sind sie weniger vor Austrocknung geschützt. Deshalb sollten die ersten unter den „Grumbeeren" oder „Erdäpfeln" im Kühlschrank gelagert und bald verzehrt werden. Dafür sind ihre Schalen aber auch nicht mit Keimhemmern behandelt, wie es die der Lagerkartoffeln sind. Gerade die noch zarte Schale der Frühkartoffeln kann daher bedenkenlos mit verzehrt werden.

Weil Frühkartoffeln meist festkochend oder vorwiegend festkochend sind, eignen sie sich vorzüglich zur Verarbeitung als Backofen- bzw. Folienkartoffeln. Allerdings benötigen Frühkartoffeln eine etwas längere Garzeit, weil ihr Stärkegehalt geringer ist als der von vollreifen Lagerkartoffeln. Auch im Mineralstoffgehalt hinken die Frühkartoffeln den Lagerkartoffeln folgerichtig hinterher. Verzehrt man aber ihre Schale mit oder bereitet man sie als Pellkartoffeln zu, erwischt man dennoch möglichst viele Mineralien, die bei der Knolle vornehmlich unter der Schale stecken.

Wer den Erntezeitpunkt seiner Kartoffeln im eigenen Garten per „Daumenprobe" bestimmen mag – so geht´s: Die Knolle ist unabhängig von der Laubwelke erntereif, wenn an der Krone der Kartoffeln (so heißt das Knollenende mit seinen „schlafenden Augen") die Schale beim Reiben nicht mehr löst.

Während ausgereifte Kartoffeln die kräftige Würze von z. B. Majoran und Oregano wohl vertragen, versieht man die zart aromatischen Frühkartoffeln besser mit Salz und zerlassener Butter, mit Petersilie, einem Hauch Rosmarin vielleicht, bestenfalls ein wenig Schnittlauch oder, wenn zu Spargel gereicht, mit wiederum zerlassener Butter, die ein paar Blätter Zitronenverbene geküsst hat …

# SPARGEL

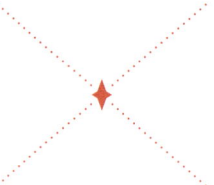

Spargelkenner unterscheiden drei Gruppen des Spargel (Asparagus officinalis) im Markt. Weiße Stangen heißen Weißer (weiße „Köpfe") oder Violetter (violette „Köpfe") Bleichspargel. Beide werden in sogenannten Erddämmen kultiviert: Weißer Bleichspargel wird geerntet („gestochen"), solange er noch in der Erde steckt, violetter erst, nachdem er ans Tageslicht gedrungen ist und sich seine „Köpfe" verfärbt haben. Dadurch schmeckt er aromatischer – manche sagen „bitterer". Bleichspargel gedeiht auf vorwiegend sandigen Böden. Auf Lehmboden und ohne Dämme wächst Gruppe zwei, die der Grünspargel mit ihren grünen Stangen. Der entsprechend gefärbte „Violette Spargel" ist eine seltene Spielart davon. Grünspargel haben ein würzigeres, kräftiges Aroma. Die dritte, als Wildspargel bezeichnete Gruppe entstammt einer weiteren grünstieligen Spargelart, Asparagus acutifolius, und schmeckt vergleichsweise sehr bitter. Als „Aspergette" oder ebenfalls „Wildspargel" kommt in Deutschland gelegentlich ein Hyazinthengewächs aus Frankreich auf den Markt, das mit Bleich- oder Grünspargel allerdings nicht direkt verwandt ist.

Zahlreiche Regionen in Deutschland sind als Spargelgebiete für vornehmlich Bleichspargel bekannt, z. B. Schwetzingen (Baden-Württemberg), Schrobenhausen (Bayern), Beelitz (Brandenburg), Groß-Gerau, Lampertheim (Hessen), Braunschweig, Nienburg (Niedersachsen), Münsterland, Niederrhein (Nordrhein-Westfalen), Thüringer Becken (Thüringen), Kyhna (Sachsen) u.v.m. Anderthalb Kilo Spargel verzehrt jeder Deutsche im Durchschnitt pro Jahr.

## SPARGEL IN DER KÜCHE

Der weiße Spargel sollte fast komplett geschält werden. Lassen Sie nur die unterhalb der Spitzen überstehenden „Schuppen"-blättchen stehen und schälen Sie den restlichen Teil der Spargelstange. Bei grünem Spargel genügt es, das untere Drittel zu schälen. Spargel gart sehr schnell; idealerweise werden die Stangen, je nach Dicke, fünf bis zehn Minuten gedämpft. Geschälte Spargelstangen können bis zu 48 Stunden, ungeschälte bis zu acht Tagen im Kühlschrank aufbewahrt werden, am besten in ein feuchtes Tuch eingeschlagen.

*Rechte Seite*: Weißer Spargel aus Argenteuil
*Folgende Doppelseite:* Gekochter grüner Spargel (links). Weißer Spargel (rechts)

1: Goldball-Rübchen   2: Weiße Rübchen   3: Rucola

4: Rote Bete   5: Little-Gem-Salat   6: Junger Spinat

1: Junger Lauch   2: Dicke Bohnen   3: Grüner Spargel   4: Camus-Artischocken   5: Grüne Bohnen   6: Milde Zwiebeln aus den Cevennen

7: Bundkarotten  8: Radieschen  9: Neue Kartoffeln  10: Brokkoli  11: Fenchel

1: Portulak   2: Frühlingszwiebeln   3: Kohlrabi   4: Rote Frühlingszwiebeln

5: Weißer Spargel   6: Staudensellerie   7: Blumenkohl   8: Erbsen

# GEDÄMPFTE RADIESCHEN MIT ESTRAGONBUTTER

**Für 4 Personen**
Zubereitungszeit: 10 Minuten
Dämpfen: 15 Minuten

**Zutaten**
*2 Bund Radieschen „French Breakfast"*
*(ca. 400 g ohne Blätter)*
*6 Stängel Estragon*
*80 g Butter*
*1 EL hochwertiges Olivenöl*
*Salz und Pfeffer aus der Mühle*

**Zubereitung**
Die Wurzelspitze der Radieschen abschneiden, von den grünen Blättern ein kleines Stück stehenlassen. Die Spitze mit einem scharfen Messer dünn abschälen. Die Radieschen 5 Minuten in kochendem Salzwasser blanchieren, abgießen und beiseitestellen.
Den Estragon waschen, trocknen, die Blättchen abzupfen und hacken.
Die Butter in einer Pfanne schmelzen, die Radieschen in der schäumenden Butter braten und 10 Minuten auf kleiner Hitze garen, ohne dass sie dabei braun werden. Die Platte ausschalten, Olivenöl und Estragon zugeben, mit Salz und Pfeffer würzen und vermischen.
Diese Radieschen passen als Beilage zu Kalbsbraten oder zu Fisch aus dem Backofen.

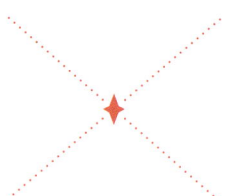

*Die Estragonblättchen können auch durch glatte Petersilie ersetzt werden.*

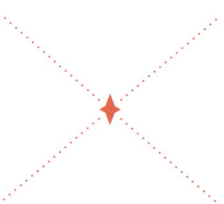

# LAUCH MIT RICOTTA IM BLÄTTERTEIGFLADEN

**Für 4 Personen**
Zubereitungszeit: 20 Minuten
Backen: 45 Minuten

**Zutaten**
*4 kleine Lauchstangen*
*1 Packung TK-Blätterteig*
*125 g Ricotta*
*4 EL Olivenöl*
*Glatte Petersilie*
*50 g alter Mimolette-Käse*
*Salz und Pfeffer aus der Mühle*

**Zubereitung**
Drei Viertel der grünen Lauchblätter entfernen. Die Lauchstangen der Länge nach aufschneiden und unter fließend kaltem Wasser abspülen. Darauf achten, dass die Lauchstangen ganz bleiben. Mit Küchenpapier trocknen.
Den Backofen auf 180 °C vorheizen.
Den Teig auf einem mit Backpapier belegten Blech ausrollen. Mit Ricotta bestreichen und mit den halbierten Lauchstangen belegen. Salzen, pfeffern und mit Olivenöl beträufeln.
Den Fladen 45 Minuten im Backofen backen. Herausnehmen, sobald der Lauch gar ist. Lauwarm abkühlen lassen, mit Petersilie und geriebenem Mimolette bestreuen. Zusammen mit einem Salat servieren.

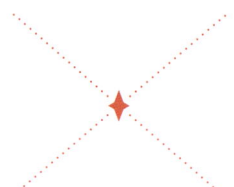

*Anstelle von Ricotta können Sie eine Frischkäsezubereitung mit Knoblauch und Kräutern verwenden, beispielsweise Boursin oder Le Tartare.*

# SALAT AUS GRÜNEN BOHNEN MIT SESAM UND LIMETTE

**Für 4 Personen**
Zubereitungszeit: 10 Minuten
Kochen: 15 Minuten

### Zutaten
*800 g grüne Bohnen, extra fein*
*1 EL Sesampaste (Tahin, gibt es in asiatischen Feinkostläden oder im Biomarkt)*
*2 EL Sesamöl*
*4 EL Sojasauce*
*2 Bio-Limetten*
*2 EL gerösteter Sesamsamen*
*Pfeffer aus der Mühle*

### Zubereitung
Die Bohnen in einem großen Topf in Salzwasser kochen. Abgießen und unter fließend kaltem Wasser abspülen: Sie sollen noch bissfest sein. Die Bohnen mit der Sesampaste vermischen. Sesamöl und Sojasauce zugeben. Die Limettenschalen abreiben, die Limetten auspressen und beides zu den Bohnen geben. Alles vermischen und mit Pfeffer abschmecken. Den Bohnensalat in einer Schüssel anrichten. Mit Sesamsamen bestreuen und entweder als kleinen Salat, als Vorspeise oder als Beilage zu gegrillten Gambas essen.

# PORTULAK, ESTRAGON-VINAIGRETTE UND GETROCKNETER SCHINKEN

**Für 4 Personen**
Zubereitungszeit: 25 Minuten
Kochen: 15 Minuten

### Zutaten
*200 g Portulak*
*4 Scheiben roher Schinken*
*2 dicke Scheiben Baguette*
*6 EL Olivenöl*
*1 Bund Estragon*
*2 EL Weinessig*
*1 TL körniger Senf*
*Salz, Pfeffer aus der Mühle*

### Zubereitung
Den Backofen auf 180 °C vorheizen.
Den Portulak waschen und trocknen. Die Schinkenscheiben 8 bis 10 Minuten im Backofen trocknen, dann in Stücke schneiden.
Das Brot in große Würfel schneiden und in einer Pfanne in 2 Esslöffeln Olivenöl anbraten. Salzen, pfeffern und warm stellen. Den Estragon waschen, die Blättchen abzupfen und fein hacken. 5 Minuten vor dem Servieren die Schinkenstücke und die Brotwürfel (Croûtons) wieder aufwärmen. Portulak, Estragon, 4 Esslöffel Olivenöl, Essig und Senf in einer Schüssel vermischen. Mit Croûtons und Schinkenstücken bestreuen. Sofort genießen!

Salat aus grünen Bohnen mit Sesam und Limette

Portulak, Estragon-Vinaigrette und getrockneter Schinken | ↑ | | ↓ | Neue Kartoffeln in der Schale mit Salbeibutter

# NEUE KARTOFFELN IN DER SCHALE MIT SALBEIBUTTER

**Für 4 Personen**
Zubereitungszeit: 10 Minuten
Backen/Braten: 40 Minuten

**Zutaten**
*1 kg kleine neue Kartoffeln*
*2 EL Olivenöl*
*100 g Butter*
*10 Salbeiblätter*
*Salz, Pfeffer aus der Mühle*

**Zubereitung**
Den Backofen auf 180 °C vorheizen.
Die Kartoffeln in der Schale unter kaltem Wasser abbürsten und mit einem Küchentuch trocknen.
Die Kartoffeln in eine ofenfeste Form geben, mit Olivenöl beträufeln und 30 bis 35 Minuten im Backofen bräunen; dabei regelmäßig wenden.
In der Zwischenzeit die Butter in einem kleinen Topf schmelzen, die Salbeiblätter zugeben und auf kleiner Hitze goldbraun werden lassen. Von der Platte nehmen. Die Butter soll haselnussbraun sein. Bei Raumtemperatur beiseitestellen.
Die gegarten Kartoffeln in eine große Pfanne geben, die Salbeibutter zugeben und einige Minuten erhitzen. Sofort servieren, entweder zusammen mit einem Salat oder als Beilage zu einem Braten oder einem Brathähnchen.

# GEBRATENER SPARGEL MIT ROHEM SCHINKEN, AIOLI MIT MILDEM KNOBLAUCH

**Für 4 Personen**
Zubereitungszeit: 25 Minuten
Braten: 15 Minuten

**Zutaten**
*10 dünne Scheiben Parmaschinken oder Speck*
*20 grüne Spargelstangen*
*8 milde Knoblauchzehen*
*1 Eigelb*
*100 ml Sonnenblumenöl*
*Salz, Pfeffer aus der Mühle*
*Olivenöl zum Braten*
*4 Scheiben helles Landbrot*

**Zubereitung**
Die Schinken- oder Speckscheiben halbieren. Das untere Ende der Spargelstangen abschneiden. Die Stangen bis zur Spitze in Schinken oder Speck einwickeln.
Für die Aioli die Knoblauchzehen schälen und im Mörser zu einem Püree zerstoßen. Salzen, pfeffern, das Eigelb zugeben, das Sonnenblumenöl nach und nach unterrühren und mit dem Stößel wie zu einer Mayonnaise aufschlagen. Bei Raumtemperatur beiseitestellen.
Das Olivenöl in einer großen Pfanne erhitzen. Die Spargelstangen im heißen Öl anbraten und anbräunen, dann die Temperatur zurückschalten und auf kleiner Hitze 10 Minuten garen; dabei von Zeit zu Zeit wenden. Mit einer Messerspitze überprüfen, ob die Stangen gar sind: Beim Einstechen sollen sie gekocht, aber noch fest sein. Die Platte ausschalten und den Spargel mit Aioli und gerösteten Landbrotscheiben genießen.

Gebratener Spargel mit rohem Schinken, Aioli mit mildem Knoblauch

# ARTISCHOCKENCREME MIT TRÜFFELÖL

**Für 4 Personen**
Zubereitungszeit: 10 Minuten
Kochen: 35 Minuten

**Zutaten**
*6 große Artischocken*
*1 kleine Dose Trüffellamellen in Trüffeljus (oder in Öl)*
*4 EL Crème fraîche*
*2 EL Trüffelöl*
*Salz, Pfeffer aus der Mühle*

**Zubereiten**
Die Stiele der Artischocken abschneiden, dann im Dampfkochtopf oder in einem großen Topf in Salzwasser kochen. Die Trüffellamellen auf einem Teller abtropfen lassen und den Jus bzw. das Öl aufbewahren. Die Artischocken abgießen, die Blätter ablösen und das Fleisch unten an jedem Blatt mit einem Löffel auskratzen. Das Heu entfernen und die Herzen in große Stücke schneiden. Die lauwarmen Artischockenstücke mit dem Fleisch aus den Blättern mit Crème fraîche, Trüffelöl und Trüffeljus pürieren. Mit Salz und Pfeffer abschmecken, dann die Creme auf vier Teller verteilen und die Trüffellamellen zugeben.
Die Creme sofort als Vorspeise oder als Beilage zu gebratenen Jakobsmuscheln servieren.

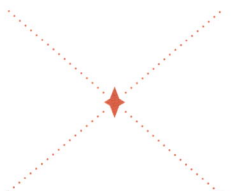

*Sollten Sie keine Zeit haben, die Artischocken selbst zu kochen, dann können Sie Artischockenherzen aus der Dose verwenden. Anstelle von Trüffellamellen können auch in der Pfanne gebratene Chorizoscheiben verwendet werden.*

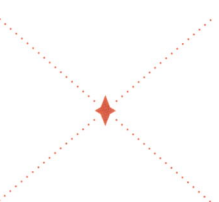

# SALAT VOM KOHLRABI UND BROKKOLI MIT NÜSSEN UND KERNEN

**Für 4 Personen**
Zubereitungszeit: 45 Minuten
Kochen/Braten: 15 Minuten

**Zutaten**
*500 g Kohlrabi*
*1 Bund Schnittlauch*
*500 g Brokkoli*
*4 EL Olivenöl*
*30 g Mandelblättchen*
*30 g Haselnüsse*
*20 g Pistazienkerne*
*Salz, Pfeffer aus der Mühle*

**Zubereiten**
Den Kohlrabi waschen, schälen und auf dem Gemüsehobel in dünne Scheiben hobeln. Den Schnittlauch waschen und der Länge nach vier Mal durchschneiden. Den Brokkoli in gleichgroße Stücke schneiden und 5 Minuten in Salzwasser kochen. Abgießen und unter kaltem Wasser abkühlen, er soll bissfest bleiben.
Das Olivenöl in einer großen Pfanne erhitzen und den Brokkoli zugeben. 3 Minuten garen, dabei umrühren. Von der Platte nehmen und in eine große Schüssel schütten. Kohlrabischeiben und Schnittlauch zugeben. Mit Olivenöl, Salz und Pfeffer würzen.

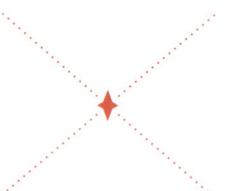

*Den Brokkoli nicht zu lange kochen, er muss bissfest bleiben.*

## JUNGE RÜBCHEN MIT HONIG UND ENTEN-CONFIT

**Für 4 Personen**
Zubereitungszeit: 25 Minuten
Backen/Braten: 35 Minuten

**Zutaten**
*20 junge Rübchen*
*4 in Fett konservierte Entenkeulen (Enten-Confit)*
*1 EL Entenfett*
*3 EL flüssiger Honig*
*4 EL Sojasauce*
*Salz, Pfeffer aus der Mühle*

**Zubereiten**
Den Backofen auf 180 °C vorheizen.
Die Rübchen sorgfältig schälen und etwas Blattgrün stehenlassen. 10 Minuten in Salzwasser kochen, dann abgießen. Die Entenkeulen in eine ofenfeste Auflaufform legen und 10 Minuten im Backofen erhitzen.
Das Entenfett in einer Pfanne erhitzen, die Rübchen zugeben und 2 bis 3 Minuten anbräunen, dann den Honig zugeben und karamellisieren lassen. Mit der Sojasauce ablöschen und die Temperatur zurückschalten. Die Rübchen ständig mit der Sojasauce überziehen, bis sie braun sind. Die Sauce mit etwas Wasser verdünnen, wenn sie zu sehr eindickt. Die Rübchen zu den Entenkeulen geben, den Kochjus zugeben. Mit einem Kressesalat servieren.

## ERBSEN À LA FRANÇAISE

**Für 4 Personen**
Zubereitungszeit: 20 Minuten
Kochen: 35 Minuten

**Zutaten**
*2 Litte-Gem-Salatherzen*
*2 milde Zwiebeln*
*2 dicke Scheiben geräucherter Bauchspeck*
*80 g Butter*
*2 Stängel Thymian*
*1 Lorbeerblatt*
*1 kg enthülste Erbsen*
*Salz, Pfeffer aus der Mühle*

**Zubereiten**
Die Salatherzen waschen und vierteln. Die Zwiebeln schälen und hacken. Den Speck in große Würfel schneiden. Die Butter in einem Schmortopf schmelzen, Speckwürfel, Zwiebeln, Thymian und Lorbeer in der schäumenden Butter 5 Minuten anschwitzen. Die Erbsen in den Topf geben, salzen und pfeffern. 20 Minuten auf kleiner Hitze kochen, von Zeit zu Zeit umrühren. Die Salatherzen zugeben und nochmals 10 Minuten kochen, gelegentlich umrühren. Die Platte ausschalten, sobald die Erbsen gut gar sind. Mit Salz und Pfeffer abschmecken.
Sofort als Beilage zu einem Brathähnchen oder zu einem Schweinebraten genießen.

Junge Rübchen mit Honig und Enten-Confit

Erbsen à la française | ← | | | → | Spargelcremesuppe mit Lachs

# SPARGELCREMESUPPE MIT LACHS

**Für 4 Personen**
Zubereitungszeit: 30 Minuten
Kochen: 45 Minuten

**Zutaten**

*4 grüne Spargelstangen*
*1 kg weiße oder violette Spargelstangen*
*80 g Butter*
*300 ml Gemüsebrühe*
*300 ml Sahne*
*1 kleines Bund Schnittlauch*
*300 g frisches Lachsfilet*
*3 Scheiben geräucherter Lachs*
*1 EL Olivenöl*
*Salz, Pfeffer aus der Mühle*

**Zubereiten**

Die unteren Enden der grünen Spargelstangen abschneiden, die Spitzen abschneiden und beiseitelegen. Die Spargelstangen 5 Minuten in kochendem Salzwasser blanchieren. Herausnehmen und kühl stellen. Die weißen Spargelstangen schälen und in große Stücke schneiden. Die Butter in einem Topf schmelzen, die weißen Spargelstücke und die grünen Spargelstangen in der schäumenden Butter erhitzen. 5 Minuten braten, ohne dass der Spargel braun wird, dann mit der Gemüsebrühe aufgießen. Die Brühe um ein Drittel reduzieren, dann die Sahne zugeben. Salzen, pfeffern und 35 Minuten auf kleiner Hitze kochen, dabei regelmäßig umrühren.
In der Zwischenzeit den Schnittlauch waschen und schneiden. Frischen und geräucherten Lachs in Stücke schneiden, die grünen Spargelspitzen fein schneiden und alles mit 1 Esslöffel Olivenöl vermischen. Die Spargelcremesuppe pürieren, mit Salz und Pfeffer abschmecken und auf 4 Suppenschalen verteilen. Die Cremesuppe sofort mit der Lachs-Spargel-Schnittlauchmischung zusammen servieren.

# QUICHE MIT FRÜHLINGSZWIEBELN

**Für 4 Personen**
Zubereitungszeit: 20 Minuten (plus Ruhezeit 55 Minuten)
Backen: 40 Minuten

**Zutaten**

*Für den Teig:*
*125 g Mehl*
*85 g Butter*
*1 Ei*

*Für den Belag:*
*1 Bund Frühlingzwiebeln*
*50 g Butter*
*4 Eier*
*500 ml Sahne*
*150 g Beaufort oder Comté*
*1 EL Sonnenblumenöl*
*Salz, Pfeffer aus der Mühle*

**Zubereiten**

Mehl mit Butter und Ei zu einem Teig verarbeiten. 30 Minuten kühl stellen.
Die Frühlingszwiebeln schälen und der Länge nach halbieren. Butter und Öl in einer Pfanne erhitzen und die Frühlingszwiebeln ein paar Minuten anbräunen. Von der Platte nehmen.
Eier, Sahne und geriebenen Käse in einer Schüssel vermischen. Mit Salz und Pfeffer abschmecken. Den Backofen auf 170 °C vorheizen. Den Teig auf einer bemehlten Arbeitsfläche ausrollen und eine Tarteform damit auslegen. Den Boden mit einer Gabel mehrmals einstechen und die Eiermischung auf den Teigboden schütten. Die Frühlingszwiebeln zugeben und die Quiche 30 Minuten backen. Die fertige, gut gebräunte Quiche aus dem Backofen nehmen und vor dem Essen 25 Minuten ruhen lassen.

# LITTLE-GEM-SALAT, KNOBLAUCH- UND ZWIEBELCHIPS, VINAIGRETTE MIT BLAUSCHIMMELKÄSE

**Für 4 Personen**
Zubereitungszeit: 25 Minuten
Kochen: 10 Minuten

**Zutaten**
*50 g Crème fraîche*
*50 g Blauschimmelkäse (Roquefort, Fourme d'Ambert)*
*5 rosa Knoblauchzehen*
*2 milde Zwiebeln*
*2 EL Mehl*
*1 Frittierbad*
*2 Bund Schnittlauch*
*4 EL Olivenöl*
*2 EL Weinessig*
*2 Little-Gem-Salate*
*Salz, Pfeffer aus der Mühle*

**Zubereiten**
Die Crème fraîche in einem kleinen Topf erhitzen, den Blauschimmelkäse unter Rühren zugeben, von der Platte nehmen und abkühlen lassen.
Knoblauchzehen und Zwiebeln schälen und fein schneiden. Im Mehl wenden, frittieren und auf Küchenpapier abtropfen lassen. Den Schnittlauch waschen, trocknen und hacken. Olivenöl und Essig mit dem Schneebesen unter die Käsecreme ziehen, salzen und pfeffern. Die Salatherzen der Länge nach halbieren, abspülen und trockenschleudern, ohne dass sich dabei die Blätter ablösen.
Jeweils eine Salathälfte auf einen Teller legen, mit der Käsevinaigrette überziehen, mit frittierten Zwiebeln, Knoblauch und Schnittlauch bestreuen und sofort servieren.

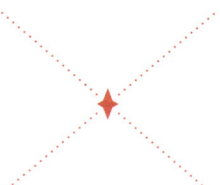

*Anstelle von Blauschimmelkäse können Sie auch Ziegenkäse verwenden.*

# GEFÜLLTE ZWIEBELN MIT GEFLÜGELLEBER

**Für 4 Personen**
Zubereitungszeit: 45 Minuten
Braten/Backen: 55 Minuten

**Zutaten**
*2 Knoblauchzehen*
*4 sehr große Zwiebeln (Gemüsezwiebeln)*
*5 Stängel glatte Petersilie*
*400 g Geflügelleber*
*80 g Butter*
*2 EL Walnussöl plus etwas zum Beträufeln*
*1 EL Sonnenblumenöl*
*4 EL Portwein*
*4 EL Paniermehl/Semmelbrösel*
*Salz, Pfeffer aus der Mühle*

**Zubereiten**
Die Knoblauchzehen schälen und pressen. Die Zwiebeln schälen und vorsichtig aushöhlen. Das ausgelöste Zwiebelinnere hacken und beiseitestellen. Die Petersilie waschen, die Blättchen abzupfen und hacken. Die Geflügellebern in kleine Stücke schneiden. Den Backofen auf 180 °C vorheizen. Die Butter mit je 1 Esslöffel Walnuss- und Sonnenblumenöl in einer Pfanne erhitzen und die gehackten Zwiebeln anbraten, dann noch einmal 1 Esslöffel Walnussöl zugeben. Karamellisieren lassen, dann die Geflügellebern zugeben. Salzen, pfeffern und 10 Minuten unter ständigem Rühren anbraten. Mit Portwein ablöschen und reduzieren lassen. Von der Platte nehmen, 2 Esslöffel Paniermehl/Semmelbrösel, gehackten Knoblauch und Petersilie zugeben und gut vermischen.
Die Zwiebeln mit dieser Mischung füllen, in eine Auflaufform setzen und mit etwas Walnussöl beträufeln. Mit dem restlichen Paniermehl/Semmelbröseln bestreuen und 45 Minuten im Backofen garen. Die fertig gegarten Zwiebeln auf den Tellern anrichten und mit einem Kartoffel- oder Kürbispüree servieren.

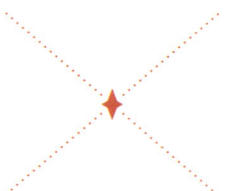

*Dieses Rezept kann auch mit gehacktem Kalbsfleisch zubereitet werden.*

## RUCOLA-KAROTTEN-CAKE [1]

**Für 4 Personen**
Zubereitungszeit: 20 Minuten | Backen: 45 Minuten

**Zutaten**
*200 g Rucola \ 100 g Mehl \ 1 P. Backpulver \ 3 Eier \ 100 ml Milch \ 80 ml Olivenöl \ 150 g geriebener Käse \ 200 g geriebene Karotten \ Butter (für die Form) \ Salz, Pfeffer aus der Mühle*

**Zubereiten**
Den Backofen auf 170 °C vorheizen. Rucola waschen und grob hacken. Mehl, Backpulver, Eier, Milch, Olivenöl und geriebenen Käse in dieser Reihenfolge verrühren. Rucola und Karotten zugeben und vorsichtig unterheben.
Eine Cakeform mit Butter einfetten, den Teig einfüllen und im Backofen 45 Minuten backen. Den Cake noch heiß aus der Form lösen. Kalt oder warm mit einem Salat genießen.

## STAUDENSELLERIE, IM WOK GEBRATEN [2]

**Für 4 Personen**
Zubereitungszeit: 25 Minuten | Kochen: 25 Minuten

**Zutaten**
*5 Stangen Staudensellerie \ 2 Knoblauchzehen \ 2 Frühlingszwiebeln \ 15 Basilikumblättchen \ 20 g Ingwer \ 2 EL Erdnussöl \ 20 g Cashewkerne \ 4 EL Sojasauce \ 1 EL Sesamsamen \ 1 TL Sesamöl \ Salz, Pfeffer aus der Mühle*

**Zubereiten**
Den Staudensellerie waschen, putzen und in feine Scheiben schneiden. Den Knoblauch schälen und in dünne Scheiben schneiden. Die Frühlingszwiebeln waschen, schälen und fein schneiden. Die Basililkumblättchen waschen und trocknen. Den Ingwer schälen und fein schneiden.
Das Erdnussöl im Wok erhitzen, Knoblauch, Frühlingszwiebeln und Ingwer im rauchenden Öl anbraten. Einige Minuten anbraten lassen, dann die Selleriestücke und Cashewkerne zugeben. 5 Minuten unter Rühren auf starker Hitze braten, dann die Sojasauce zugeben und, ebenfalls auf starker Hitze, unter ständigem Rühren reduzieren. Von der Platte nehmen, Basilikumblättchen, Sesamsamen und Sesamöl zugeben.
Dieses Gericht kann als Hauptgericht oder als Beilage zu Fisch gereicht werden.

## ZARTER SPINAT MIT ROSINEN, PINIENKERNEN UND PARMESAN [3]

**Für 4 Personen**
Zubereitungszeit: 20 Minuten | Kochen: 10 Minuten

**Zutaten**
*300 g junge zarte Spinatblätter \ 2 Stiele blaue Trauben \ 4 EL Olivenöl \ 50 g Pinienkerne \ 50 g Parmesan \ Salz, Pfeffer aus der Mühle*

**Zubereiten:**
Die Stiele der Spinatblätter abschneiden, die Blätter waschen und trocknen. Die Trauben waschen und die Kerne entfernen. Das Olivenöl in einer großen Pfanne erhitzen und die Pinienkerne anrösten. Auf einen Teller schütten. Die Spinatblätter in die heiße Pfanne geben, salzen, pfeffern und umrühren. Die Pfanne von der Platte nehmen, sobald der Spinat anfängt, zusammenzufallen. Traubenhälften und Pinienkerne in die Pfanne geben, unterrühren und auf 4 Teller verteilen. Mit geriebenem Parmesan bestreuen und servieren.

## FENCHEL IM SCHINKENMANTEL [4]

**Für 4 Personen**
Zubereitungszeit: 25 Minuten | Kochen/Backen: 40 Minuten

**Zutaten**
*4 Fenchelknollen \ 4 große Scheiben gekochter Schinken \ 500 ml Sahne \ 80 g Butter \ 200 g geriebener Käse \ geriebene Muskatnuss \ Salz, Pfeffer aus der Mühle*

**Zubereiten:**
Die Fenchelknollen 5 Minuten in Salzwasser kochen und abgießen. Der Länge nach halbieren. Jede Fenchelhälfte mit einer halbierten Schinkenscheibe umwickeln und in eine große Auflaufform legen.
Den Backofen auf 180 °C vorheizen. Die Sahne in einen Topf schütten, die Butter zugeben, salzen und pfeffern. Großzügig mit Muskat bestreuen. Die Sahne aufkochen, dabei ständig umrühren. Sobald die Butter geschmolzen ist, die Sahnemischung über die Fenchelknollen gießen. Mit geriebenem Käse bestreuen und 35 Minuten überbacken. Den überbackenen Fenchel sofort servieren, zusammen mit grünem Salat.

1

2

3

4

93

# FRIKASSEE AUS DICKEN BOHNEN, ROTEN ZWIEBELN UND CHORIZO-STREIFEN

**Für 4 Personen**
Zubereitungszeit: 30 Minuten
Kochen: 25 Minuten

### Zutaten
*2,5 kg dicke Bohnen in der Hülse*
*2 rote Zwiebeln*
*12 Scheiben Chorizo*
*5 Stängel glatte Petersilie*
*4 Knoblauchzehen*
*2 EL Olivenöl*
*80 g Butter*
*Salz, Pfeffer aus der Mühle*

### Zubereitung
Die Bohnenkerne enthülsen. 30 Minuten in Salzwasser kochen, unter kaltem Wasser abkühlen und die dicke Haut entfernen. Die Zwiebeln schälen und fein schneiden. Die Chorizo in Streifen schneiden. Die Petersilie waschen und hacken. Die Knoblauchzehen schälen und hacken.
Das Olivenöl in einem großen Schmortopf erhitzen, Zwiebeln und Knoblauch im heißen Öl anschwitzen, dann 10 Minuten anbraten. Die Temperatur zurückschalten, Butter, Chorizostreifen und Bohnenkerne zugeben und 15 Minuten auf kleiner Hitze garen. Dabei gelegentlich umrühren. Petersilie und Knoblauch in den Topf geben. Umrühren und sofort entweder als Hauptgericht oder als Beilage zu gebratenem Perlhuhn oder einer im Backofen gegarten Rotbarbe servieren.

# ROTE-BETE-SUPPE MIT FRÜHLINGSZWIEBELN, ERBSEN UND BACON

**Für 4 Personen**
Zubereitungszeit: 35 Minuten
Kochen: etwa 1 Stunde

### Zutaten
*5 Stängel glatte Petersilie*
*8 dünne Scheiben Bacon (Frühstücksspeck)*
*1 Bund Frühlingszwiebeln*
*2 rohe Rote Beten*
*200 g frische Erbsen*
*80 g Butter*
*250 ml Geflügel-, Gemüse- oder Fleischbrühe*
*Salz, Pfeffer aus der Mühle*

### Zubereitung
Die Petersilie abzupfen, waschen, und hacken. Den Bacon in feine Streifen schneiden. Die Frühlingszwiebeln mit dem Blattgrün hacken. Die Rote Bete schälen und in dünne Scheiben schneiden.
Die Butter in einem Schmortopf schmelzen, Zwiebeln und Speck in der schäumenden Butter anbraten und 5 Minuten braten. Dabei gelegentlich umrühren.
Die Rote Bete zugeben und mit der Brühe aufgießen.
250 Milliliter Wasser zugeben und 1 Stunde auf kleiner Hitze köcheln.
Erbsen und gehackte Petersilie 15 Minuten vor Ende der Kochzeit in den Topf geben. Mit Salz und Pfeffer abschmecken.
Die Suppe in tiefen Tellern anrichten und mit gerösteten Brotwürfeln servieren.

Frikassee aus dicken Bohnen, roten Zwiebeln und Chorizo-Streifen

Suppe mit karamellisiertem Blumenkohl und Sesam

## SUPPE MIT KARAMELLISIERTEM BLUMENKOHL UND SESAM

**Für 4 Personen**
Zubereitungszeit: 25 Minuten
Kochen: 1 Stunde

**Zutaten**
*1 Blumenkohl*
*100 g Butter*
*1 TL brauner Zucker*
*1 EL Sesampaste*
*1 TL Sesamöl*
*1 EL Sesamsamen, geröstet*
*Salz, Pfeffer aus der Mühle*

**Zubereitung**
Den Blumenkohl in Stücke schneiden und 45 Minuten in Salzwasser kochen. Er muss sehr weich gekocht sein. Den Garzustand des Blumenkohls durch Einstechen mit einer Messerspitze überprüfen. Den Blumenkohl abgießen, das Kochwasser auffangen.
Die Butter in einem kleinen Schmortopf schmelzen. Sobald die Butter braun wird, den Blumenkohl und den Zucker zugeben, die Temperatur zurückschalten und den Blumenkohl auf kleiner Hitze karamellisieren lassen. Den Blumenkohl, sobald er gut karamellisiert ist, mit Wasser bedecken. Sesampaste und Sesamöl zugeben und aufkochen. Die Suppe pürieren.
Mit Salz und Pfeffer abschmecken, mit Sesamsamen bestreuen. In tiefen Tellern servieren, eventuell Grissini-Stangen dazu reichen.

## GEDÄMPFTE SAFRAN-GEMÜSEPFANNE

**Für 6 Personen**
Zubereitungszeit: 40 Minuten
Kochen/Dämpfen: 40 Minuten

**Zutaten**
*80 g Butter (Raumtemperatur)*
*1 Döschen Safran*
*1 Bund Karotten*
*1 Bund Rübchen*
*500 g frische Erbsen*
*600 g frische Dicke Bohnen*
*200 g Zuckerschoten*
*150 g grüne Bohnen*
*1 Bund Radieschen*
*20 kleine grüne Spargelstangen*
*2 EL Olivenöl*
*Salz, Pfeffer aus der Mühle*

**Zubereitung**
Die weiche Butter mit den Safranfäden vermischen. Das Gemüse waschen, putzen oder enthülsen. Jeweils ein kleines Stück vom Bundgrün dranlassen. Karotten und Rübchen 7 Minuten in sprudelndem Salzwasser kochen, die anderen Gemüse jeweils 3 Minuten. Alles abgießen und unter kaltem Wasser abkühlen.
Die Safran-Butter auf kleiner Hitze in einer großen Pfanne erhitzen. Das Gemüse vorsichtig in die schäumende Butter geben, 2 Esslöffel Olivenöl zugeben und 30 Minuten auf kleiner Hitze dämpfen. Von Zeit zu Zeit umrühren und zum Glasieren regelmäßig mit dem Kochjus übergießen. Sobald das Gemüse gegart und zartschmelzend ist, die Pfanne von der Platte nehmen. Mit Salz und Pfeffer abschmecken. Sofort servieren, beispielsweise zu gegrilltem Fisch.

Gedämpfte Safran-Gemüsepfanne

# KNACKIGER GEMÜSESALAT, VINAIGRETTE MIT ÖLSARDINEN

**Für 4 Personen**
Zubereitungszeit: 30 Minuten
Kochen: 5 Minuten

**Zutaten**
*2 kleine Zucchini*
*10 große Radieschen*
*4 neue Karotten*
*100 g Zuckerschoten*
*2 Little-Gem-Salate*
*1 Bund Schnittlauch*
*2 Stängel Minze*
*1 Dose Ölsardinenfilets (ohne Gräten)*
*1 Bio-Zitrone*
*Salz, Pfeffer aus der Mühle*

**Zubereitung**
Die Zucchini waschen, nicht schälen. Auf dem Gemüsehobel oder mit dem Sparschäler in feine Streifen schneiden. Radieschen und Karotten ebenfalls in dünne Streifen schneiden. Die Zuckerschoten enthülsen. Die Salatherzen waschen und der Länge nach in Viertel schneiden. Karotten, Zucchini und Zuckererbsen 3 bis 4 Minuten in sprudelndem Salzwasser kochen. (Achtung: Sie sollen knackig bleiben!) Abgießen und mit kaltem Wasser abspülen. Den Schnittlauch waschen und fein hacken, die Minze abzupfen und ebenfalls fein hacken. In einer Salatschüssel die Sardinen mit einer Gabel mit ihrem Öl zerdrücken. Gemüse und Kräuter zugeben, die Zitronenschale abreiben, dann die Zitrone auspressen und zum Gemüsesalat geben. Mit Salz und Pfeffer abschmecken.
Sofort zusammen mit gerösteten Brot oder mit Grissini-Stangen servieren.

# IM BACKOFEN GETROCKNETE TOMATEN MIT OREGANO

**Für 4 Personen**
Zubereitungszeit: 10 Minuten
Trocknen: 90 Minuten

**Zutaten**
*4 Stängel frischer oder 1 EL getrockneter Oregano*
*10 feste Tomaten (am besten Roma-Tomaten)*
*4 EL Olivenöl*
*Salz, Pfeffer aus der Mühle*

**Zubereitung**
Den Backofen auf 100 °C vorheizen.
Den Oregano waschen und die Hälfte der Stängel abzupfen. Die Tomaten waschen, trocknen, halbieren, die Samen entfernen. Ein Blech mit befeuchtetem Backpapier belegen. Die Tomaten mit der Hautseite nach unten auf das Blech legen. Mit Olivenöl beträufeln, mit Oregano bestreuen, salzen und pfeffern. 1 Stunde im Backofen garen. Die Tomaten wenden und nochmals 30 Minuten trocknen.
Die getrockneten Tomaten abkühlen lassen, mit Nudeln oder mit einem Salat genießen.

Knackiger Gemüsesalat, Vinaigrette mit Ölsardinen

# RINDERKOTELETT

*Rechte Seite: Im Backofen getrocknete Tomaten mit Oregano*

Zweites Kapitel

# SOMMER

| | | | |
|---|---|---|---|
| Roter Paprika | Zucchiniblüte | Roma-Tomate | Avocado |
| Gelber Paprika | Gurke | Gelbe Tomate | Römersalat |
| Grüner Paprika | Poivrade-Artischocke | Grüne Tomate | Melone |
| Chilischote | Mais | Trompeten-Zucchini | Zitrone |
| Weiße Aubergine | Rosa Knoblauch | Schwarze Tomate | Wirsing |
| Violette Aubergine | Butterbohnen | Basilikum | Thymian |
| Zucchini | Löwenherz-Tomate | Sand-Thymian | Rosmarin |
| Runde Zucchini | Kirschtomate | Mais | Peretti-Tomate |

# LEICHT WIE DER SOMMER

Die Sommerhitze ist da. Man träumt von leichtem, frischem, saftigem Essen. Und genau diese drei Eigenschaften hat das Sommergemüse. Im Sommer isst man das Gemüse gern auch mal roh. Mit etwas Salz und Olivenöl oder einfach „Natur" schmeckt es knackig frisch. Wenn die Qualität gut ist, brauchen Sie fast nichts dazu. Nehmen Sie zum Beispiel die Tomate: Im Sommer kommt sie ganz groß raus. In den Auslagen der Gemüsehändler findet man sie zwar schon ab dem Frühjahr, aber in den Monaten Juli, August und September schmeckt sie am besten. Man muss sie sehr sorgfältig auswählen. Es gibt mehrere tausend verschiedene Sorten. Nach der Kartoffel ist die Tomate das am meisten gegessene Gemüse.

Die Zeit der wässrigen Einheitstomate ist hoffentlich ein für alle Mal vorbei. Vor über zehn Jahren hat man mehrere alte Tomatensorten wieder entdeckt: die große Ananas-Tomate, die schwarze Krim-Tomate, die Green Zebra, die Andenhorn-Tomate, Kirschtomaten, Strauchtomaten, flache oder längliche Tomaten, birnen- oder zylinderförmige, Salat-Tomaten, Tomaten für Coulis oder zum Füllen … Die Ochsenherztomate ist eine große Tomate mit festem Fleisch und kräftigem Geschmack. Sie ist bei Feinschmeckern sehr beliebt, aber Vorsicht! Es gibt Imitationen, die mit der echten Ochsenherz-Tomate nur das Aussehen gemein haben. Diese falschen Ochsenherz-Tomaten sind geschmacklos und mehlig.

Schon die Tomaten alleine feiern auf dem Teller ein Festival der Farben, aber die anderen Gemüse unterstützen sie dabei. Die Paprikaschoten explodieren in grün, rot, orange und gelb, die Auberginen gibt es in mehreren Abstufungen von violett oder in ganz weiß, die meisten Zucchini sind zwar grün, aber es gibt auch gelbe, die immer beliebter werden. Runde Zucchini ergänzen die bekannten länglichen. Seit einigen Jahren haben die Gemüsebauern ihr Angebot um viele Sorten erweitert, um unseren Gaumen und unsere Augen zu erfreuen. Denn jedes Gemüse hat seinen eigenen Geschmack.

Im Sommer sollten wir die Gurke mit ihrer erfrischenden Wirkung sowie die Poivrade-Artischocken, die Stars der italienischen Küche, nicht vergessen. In Frankreich werden diese Artischocken nicht so häufig gegessen, obwohl sie einen sehr charakteristischen Geschmack und ein angenehmes, leicht bitteres Aroma haben. Der Knoblauch, den wir das ganze Jahr über getrocknet verwenden, ist nun wieder frisch auf dem Markt zu haben. Der Geschmack des frischen Knoblauchs ist feiner und subtiler. Aus frischem Knoblauch kann man ein ganzes Gericht zubereiten. Ajo Blanco ist eine spanische Suppe auf der Basis von Knoblauch und Mandeln, die man kalt isst. Auch der frische Mais hat Saison. Das vergisst man sehr oft, weil man sich daran gewöhnt hat, für einen gemischten Salat einfach eine Dose zu öffnen. Aber der Geschmack von Mais, der frisch vom Kolben kommt, ist viel feiner. Eine köstliche Leckerei ist ein Maiskolben in Salzbutter gewendet; bei manchen von uns ruft dies Erinnerungen an die Kindheit wach …

*Rechte Seite:* Couscous von Alain Passard

## DER ROSA KNOBLAUCH VON LAUTREC

*In der Stadt Lautrec wird jedes Jahr der rosa Knoblauch gefeiert. Seine Farbe verdankt er seinem besonderen Terroir, dem lehm-kalkhaltigen Boden. Seine Zwiebel ist sehr fleischig, seinen Wölbungen sind äußerst harmonisch. Er ist sehr lange haltbar. Sein Geschmack ist charakteristisch, aber dennoch subtil, und er ist süßlicher als die meisten anderen Knoblauchsorten. Man nennt ihn den Fürst der Würzmittel. Er wird im Dezember und im Januar ausgesät und sprießt im darauf folgenden Frühjahr. Im Juni schneiden die Knoblauchbauern die Blütenstände zurück, damit alle Kraft in die Knollen geht. Geerntet wird der Knoblauch im Juli. Die Knoblauchknollen müssen ganz reif geerntet werden, damit ihre lange Haltbarkeit gewährleistet wird. Sie werden an den Blättern zusammengebunden und in Scheunen 14 Tage zum Trocknen aufgehängt. Bevor die Knollen in den Verkauf kommen, werden fast alle Häute abgelöst, nur die letzte bleibt erhalten; sie lässt die rosa Farbe durchscheinen. Falls Sie den Knoblauch in einem geflochtenen Zopf kaufen, sollten sie ihn an einem trockenen Ort und bei einer Temperatur zwischen 12 und 15 °C aufbewahren.*

---

## WUSSTEN SIE DAS?

Im Département Nord wird eine schöne, in Frankeich einzigartige Tradition fortgeführt: der geräucherte Knoblauch aus Arleux. Dieser Knoblauch wird an der Luft getrocknet und über Holzspänen, Torf, Stroh oder Lignit, einer Art Holzkohle, geräuchert. Durch das Räuchern erhält er eine goldene Farbe und einen charakteristischen Geschmack.

# ES GIBT NICHT NUR EINEN KNOBLAUCH

Der Knoblauch ist schon ein besonderer Fall. Man stellt sich nämlich niemals die Frage: Welchen Knoblauch verwende ich für mein Rezept? Höchstens unterscheidet man zwischen getrocknetem und frischem Knoblauch. In Frankreich gibt es jedoch zahlreiche regionale Knoblauch-Traditionen: Es gibt violetten Knoblauch, weißen Knoblauch wie den aus der Drôme, der eher mild ist, dann gibt es den aus Lomagne (zwischen dem Gers und Lot-et-Garonne), der einen eher kräftigen Geschmack hat. Zwei Knoblauchsorten unterscheiden sich besonders deutlich: der Knoblauch aus Billon (Puy-de-Dôme) mit seinem milden Geschmack und seiner langen Haltbarkeit und der rosa Knoblauch aus Lautrec.

*Oben:* Markt in Villefranche-de-Rouergue
*Linke Seite:* Knoblauch beim Trocknen in einer Scheune

# VORSICHT, SCHARF!

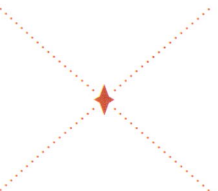

Chilischoten, im Französischen als Piment bezeichnet, gibt es von mild bis sehr scharf und in unterschiedlichen Sorten. Allgemein kann man sagen, dass kleine Chilischoten sehr scharf sind und die größeren eher mild. Aber Vorsicht, es gibt Ausnahmen!

### Le Piment d'Espelette

Die Chilischoten kommen ursprünglich aus Südamerika und werden in der Gegend von Espelette, im französischen Baskenland, seit dem Anfang des 17. Jahrhunderts angebaut. Der botanische Name dieser Schoten, aus denen der Piment d'Espelette hergestellt wird, ist „Capsicum annum L. var. Gorria", gorria ist das baskische Wort für rot. Sie haben sich dem lokalen Klima gut angepasst, das aber ohnehin dem in ihrer Ursprungsregion ähnelt. Daher hat sich ihr Anbau unter den baskischen Bauern schnell verbreitet. Das Anbaugebiet dieser Schote, die durch das Qualitätssiegel „Geschützte Herkunftsbezeichnung" ausgezeichnet ist, liegt unweit des Ozeans, umgeben von Hügeln und Bergrücken, und bietet ein besonderes Mikroklima.

Zu den guten klimatischen Bedingungen kommt das Savoir-faire. Jeder Produzent wählt die Samen der schönsten Schoten aus. Diese Auslese durch die Produzenten ist charakteristisch für die Herstellung des Piment d'Espelette. Im März lässt man die Samen keimen, dann werden sie in Gewächshäusern in die Erde gepflanzt. Im Mai werden die Pflanzen ins Freiland gesetzt. Dank hoher Temperaturen und starker Niederschläge wachsen sie bis zum Juli recht schnell. Geerntet wird von August bis Ende November. Bei der Produktion des Piment d'Espelette wird sehr auf die Umwelt geachtet. Die Schoten brauchen nicht viel Wasser, daher kann auf Bewässerung verzichtet werden. Auch müssen die Chilischoten nur mit wenigen Pflanzenschutzmitteln behandelt werden.

Im Gewächshaus werden die Schoten zum Trocknen auf Gitterroste gelegt. Sie verlieren langsam ihr Wasser und trocknen allmählich; dabei entwickeln sich die Aromen. In einem Trockenofen werden sie dann vollständig getrocknet, bevor sie vermahlen werden. Piment d'Espelette kann zwar frisch gegessen werden, hat in diesem Zustand aber nicht das Qualitätssiegel „Geschützte Herkunftsbezeichnung". Das Qualitätssiegel gilt nur für die getrockneten Schoten, denn beim Trocknen werden alle Aromen konzentrierter. Das Glas oder das Behältnis, in dem das Pulver verkauft wird, muss ein Logo in den Farben des Baskenlandes tragen: einen grün-roten Stempel, auf dem vermerkt ist: „Piment d'Espelette, AOC", oder auch „Piment d'Espelette-Ezpeletako Biperra". Das Pulver enthält zu 100 Prozent Piment d'Espelette. Farbstoffe, Zusatzstoffe oder Konservierungsstoffe sind verboten.

*Gegenüberliegende Seite:* Frischer Piment d'Espelette

1: Ochsenhorn-Paprika   2: Gelber Paprika   3: Roter Paprika   4: Grüner Paprika   5 und 7: Milde Chilischoten   6: Orangefarbener Paprika

8: Gurke   9: Große Zucchini   10: Aubergine   11: Runde gelbe Zucchini   12: Weiße Aubergine   13: Zucchiniblüte

1: Längliche Zucchini  2: Runde Zucchini  3: Graffiti-Aubergine  4: Gelbe Zucchini

5: Poivrade-Artischocke  6: Maiskolben  7: Rosa Knoblauchknolle  8: Gelbe Bete  9: Butterbohnen  10: Coco-Bohnen

1: Kirschtomate    2: Klassische rote Tomate    3: Schwarze Krim-Tomate    4: Olivetti-Tomate    5: Gelbe Kirschtomate

6: Ochsenherz-Tomate   7: Mandarin-Tomate   8: Green-Zebra-Tomate   9: Gelbe Roma-Tomate   10: Roma-Tomate

# BUNTE TOMATENTARTE

**Für 4 Personen**
Zubereitungszeit: 20 Minuten plus 10 Minuten Ruhezeit
Backen: 35 Minuten

## Zutaten
*4 Green Zebra-Tomaten*
*4 schwarze Krim-Tomaten*
*4 gelbe Ananas-Tomaten*
*4 Roma-Tomaten*
*1 runder Blätterteig aus der Kühltheke*
*4 EL Senf*
*1 TL getrockneter Thymian*
*4 EL Olivenöl*
*4 Stängel frischer Thymian*
*Salz, Pfeffer aus der Mühle*

## Zubereitung
Den Backofen auf 180 °C vorheizen.
Die Tomaten waschen, den Stiel abschneiden und trocknen. In nicht allzu dünne Scheiben schneiden. Den Blätterteig in eine Tarteform legen, mit Senf bestreichen und mit Thymian bestreuen. Die Tomatenscheiben rosettenförmig auf den Teig legen, dabei die verschiedenfarbigen Scheiben abwechseln. Salzen, pfeffern und mit Olivenöl beträufeln. Den Thymian zugeben und 35 Minuten backen. Die fertig gebackene Tarte 10 Minuten ruhen lassen.
Die Tarte kann kalt oder warm, zusammen mit einem Salat gegessen werden.

# GEGRILLTE PAPRIKA, IN KNOBLAUCHÖL EINGELEGT

**Für 4 Personen**
Zubereitungszeit: 20 Minuten
Ruhezeit: 1 Nacht (am Vortag) und 75 Minuten
(am Tag der Zubereitung)

## Zutaten
*5 rosa Knoblauchzehen*
*5 EL Traubenkernöl*
*2 Stängel frischer Thymian*
*2 rote Paprikaschoten*
*2 grüne Paprikaschoten*
*2 gelbe Paprikaschoten*
*Salz, Pfeffer aus der Mühle*

## Zubereitung
Am Vortag die Knoblauchzehen in der Schale zerdrücken. Mit Traubenkernöl und Thymian in einen kleinen Topf geben und auf kleiner Hitze 10 Minuten köcheln. Von der Platte nehmen und über Nacht bei Raumtemperatur ziehen lassen.
Am Tag der Zubereitung den Backofengrill vorheizen. Die Paprikaschoten waschen, trocknen und mit etwas Knoblauchöl bestreichen. Auf das Backblech legen und mehrere Minuten grillen. Die Paprikaschoten mit einer Gabel wenden, sobald sie schwarz werden, und weitergrillen, bis sie auf der anderen Seite schwarz werden. Dann die heißen Paprika in eine große Schüssel legen und diese mit Frischhaltefolie abdecken. 15 Minuten ruhen lassen. Die Paprika abkühlen lassen, dann die Haut abziehen, halbieren und die Samenkerne entfernen. Zum Marinieren ungefähr 1 Stunde in das Knoblauchöl legen.
Diese Paprikaschoten schmecken mit Anchovis oder mit Mozzarella auf einer Scheibe geröstetem Brot.

Bunte Tomatentarte

Gegrillte Paprika, in Knoblauchöl eingelegt | ← | | | ↓ | Zucchiniblüten, mit Ziegenfrischkäse und Zitronen gefüllt

# ZUCCHINIBLÜTEN, MIT ZIEGENFRISCHKÄSE UND ZITRONEN GEFÜLLT

**Für 4 Personen**
Zubereitungszeit: 45 Minuten
Dämpfen/Backen: 40 Minuten

**Zutaten**
*8 kleine Zucchini mit Blüten*
*200 g Ziegenfrischkäse (z.B. Petit Billy)*
*2 EL geriebener Parmesan*
*1 TL getrockneter und gehackter Thymian*
*3 Eigelb*
*4 EL Olivenöl*
*2 Bio-Zitronen*
*Salz, Pfeffer aus der Mühle*

**Zubereitung**
Den Backofen auf 170 °C vorheizen.
Die Zucchini waschen und mit den Blüten 15 Minuten im Dampfgarer garen; sie sollen aber fest bleiben. In Eiswasser abkühlen und auf Küchenpapier abtropfen lassen.
Den Frischkäse in einer Schüssel mit der Gabel zerdrücken, Parmesan (etwas zum Bestreuen beiseitestellen), Thymian und Eigelb zugeben. Die Zitronenschalen abreiben und zur Farce geben. Salzen, pfeffern und gut vermischen.
Die Blüten mit einem kleinen Löffel vorsichtig mit der Farce füllen. Die gefüllten Zucchiniblüten in eine ofenfeste Auflaufform geben, mit Olivenöl beträufeln und mit dem restlichen Parmesan bestreuen. 25 Minuten im Backofen garen.
Die Zucchini aus dem Ofen nehmen, auf Tellern anrichten und sofort als Vorspeise servieren, eventuell mit einem Rucolasalat.

# GEEISTER GAZPACHO, GERÖSTETES BROT MIT TAPENADE

**Für 4 Personen**
Zubereiten: 10 Minuten
Kochen: 30 Minuten

**Zutaten**
*1 große Gurke*
*4 große reife Tomaten*
*1 milde Zwiebel*
*1 Knoblauchzehe*
*20 Basilikumblättchen*
*5 EL Olivenöl*
*10 Eiswürfel*
*4 Scheiben Baguette*
*4 EL Oliventapenade*
*Salz, Pfeffer aus der Mühle*

**Zubereitung**
Die Gurke schälen und aushöhlen. Die Tomaten waschen und die Stiele abschneiden. Die Tomaten 30 Sekunden in kochendem Wasser blanchieren, dann in einer Schüssel mit kaltem Wasser abschrecken und die Haut abziehen. Zwiebel und Knoblauch schälen. Die Basilikumblättchen waschen. Gurke und Tomaten in große Stücke schneiden, dann mit den Basilikumblättchen im Mixer mit den Eiswürfeln, etwas kaltem Wasser und Olivenöl mixen. Mit Salz und Pfeffer würzen und kalt stellen.
Den Gazpacho eiskalt servieren, geröstete Brotscheiben mit Tapenade bestreichen und dazu reichen.

Geeister Gazpacho, geröstetes Brot mit Tapenade

# POIVRADE-ARTISCHOCKEN MIT PFEFFER

**Für 4 Personen**
Zubereitungszeit: 30 Minuten
Kochen: 30 Minuten

**Zutaten**
*20 Poivrade-Artischocken*
*½ Bio-Zitrone*
*4 EL Olivenöl*
*1 EL Mignonette-Pfeffer (grob gemahlener schwarzer und weißer Pfeffer)*
*500 ml Sahne*
*5 Stängel Basilikum*
*2 EL Sojasauce*
*Salz*

**Zubereitung**
Die Spitzen der Artischocken abschneiden und die dicken Blätter entfernen. Die Blätter um das Herz herum mit einem scharfen Messer wegschneiden, das Heu entfernen. Die Stiele schälen und halbieren. Die Artischocken mit der Zitronenhälfte einreiben, damit sie nicht schwarz werden.
Das Olivenöl in einem Schmortopf erhitzen und die Artischocken anbraten. 10 Minuten auf starker Hitze braten, den Pfeffer zugeben und mit Sahne und Sojasauce ablöschen. Die Temperatur zurückschalten und 20 Minuten auf kleiner Hitze köcheln.
Den Topf von der Platte nehmen, sobald die Artischocken gekocht sind, und die Basilikumblättchen unterrühren. Ein paar Minuten ziehen lassen und dann mit Salz abschmecken. Die Artischocken können einfach als Gemüse oder als Beilage zu einem Steak oder Schnitzel gegessen werden.

# PIPERADE MIT BAYONNE-SCHINKEN UND CHORIZO

**Für 4 Personen**
Zubereitungszeit: 30 Minuten
Kochen: 50 Minuten

**Zutaten**
*4 große Scheiben Bayonne-Schinken (oder eine andere Sorte luftgetrockneter Schinken)*
*2 milde Zwiebeln*
*2 grüne Paprikaschoten*
*2 rote Paprikaschoten*
*4 Tomaten*
*6 EL Olivenöl*
*8 dünne Scheiben Chorizo*
*4 milde Chilischoten*
*2 Stängel Thymian*
*2 Lorbeerblätter*
*Salz, Pfeffer aus der Mühle*

**Zubereitung**
Die Schinkenscheiben jeweils in 3 Stücke schneiden. Knoblauchzehen und Zwiebeln schälen und hacken. Die Paprikaschoten waschen, halbieren, Samen, Stiel und Zwischenwände entfernen und in Streifen schneiden. Die Tomaten waschen und vierteln.
Das Olivenöl in einem großen Schmortopf erhitzen, Schinken und Chorizo einige Minuten im heißen Öl anbraten, damit sie braun werden. Auf einen Teller geben (das Öl im Topf lassen) und beiseitestellen. Zwiebeln und Knoblauch im heißen Öl anbräunen, dann die Paprikastreifen, Chilischote, Tomaten, Thymian und Lorbeer zugeben. Salzen, pfeffern und auf kleiner Hitze 40 Minuten garen; dabei von Zeit zu Zeit umrühren. Sobald das Gemüse fertig ist, die Schinken- und Chorizoscheiben wieder in den Topf geben und noch 5 Minuten schmoren lassen. Die Piperade heiß, noch im Topf servieren.
Die Piperade kann als eigenes Gericht oder als Beilage zu Omelette oder Rühreiern gegessen werden.

Piperade mit Bayonne-Schinken und Chorizo | ↑ | | | ↓ | Ochsenherztomaten, mit Brandade gefüllt

# OCHSENHERZTOMATEN, MIT BRANDADE GEFÜLLT

**Für 4 Personen**
Zubereiten: 30 Minuten plus 12 Stunden Ruhezeit
Kochen/Backen: 30 Minuten

**Zutaten**
*200 g Klippfisch (durch Einsalzen und Trocknen haltbar gemachter Kabeljau)*
*6 Knoblauchzehen*
*3 große Kartoffeln*
*250 ml Milch*
*2 Stängel frischer Thymian*
*2 Lorbeerblätter*
*4 EL Olivenöl*
*4 große Ochsenherztomaten*
*Pfeffer aus der Mühle*

**Zubereitung**
Am Vortag den Fisch zum Entsalzen in eine große Schüssel mit kaltem Wasser legen. Das Wasser drei oder vier Mal wechseln.
Am nächsten Tag die Knoblauchzehen schälen und hacken. Die Kartoffeln schälen und in Salzwasser sehr weich kochen. Die Kartoffeln abgießen und auf einem Teller beiseitestellen. Den Fisch 20 Minuten in Milch mit Thymian, Knoblauch und Lorbeer kochen. Den Fisch abgießen, Haut und Gräten entfernen. Die Milch durch ein Sieb gießen und beiseitestellen.
Den Backofen auf 180 °C vorheizen.
Die Kartoffeln und den Fisch durch die Gemüsemühle drehen, die lauwarme Milch einfließen lassen und ein Püree (die sogenannte Brandade) herstellen. 2 Esslöffel Olivenöl zugeben und mit Pfeffer abschmecken. Beiseitestellen.
Von den Tomaten einen Deckel abschneiden, das Innere aushöhlen und für ein anderes Rezept verwenden. Die Tomaten mit der Brandade füllen und in eine Auflaufform setzen. Mit dem restlichen Olivenöl beträufeln und 20 Minuten im Backofen garen. Die Tomaten sollen dabei nicht zu weich werden.
Die gefüllten Tomaten können warm oder lauwarm mit einem Rucolasalat gegessen werden.
Um Zeit zu sparen, können Sie die Brandade auch fertig, tiefgefroren oder als Konserve kaufen.

# KALTE ZUCCHINI-KNOBLAUCH-SUPPE, MIT TOMATEN EINGERIEBENES RÖSTBROT

**Für 4 Personen**
Zubereitungszeit: 35 Minuten plus 1 Stunde Ruhezeit
Kochen: 35 Minuten

**Zutaten**

*Für die Suppe*
*4 Stängel Bohnenkraut*
*5 kleine Zucchini*
*4 rosa Knoblauchzehen*
*4 reife grüne Tomaten*
*4 EL Olivenöl*
*Salz, Pfeffer aus der Mühle*

*Für das Röstbrot*
*1 reife rote Tomate*
*2 Knoblauchzehen*
*4 Scheiben Stangenbrot*
*2 EL Olivenöl*
*Salz, Pfeffer aus der Mühle*

**Zubereitung**
Das Bohnenkraut waschen, trocknen, abzupfen und grob hacken. Stiele und Blütenansatz der Zucchini abschneiden, die Zucchini in große Stücke schneiden. Die Knoblauchzehen schälen und pressen. Die Tomaten waschen, trocknen, den Stiel entfernen und in Stücke schneiden.
Das Olivenöl in einer Pfanne erhitzen, die Zucchinistücke im heißen Öl anbraten, Knoblauch und Tomaten zugeben. Salzen, pfeffern und 30 Minuten köcheln, ohne dass die Tomaten braun werden. Das Gemüse im Mixer pürieren, bis eine glatte Suppe entstanden ist. Mit Salz und Pfeffer abschmecken, das Bohnenkraut unterrühren und 1 Stunde kühl stellen.
Für das Röstbrot die Brotscheiben im Backofen, in der Pfanne oder im Toaster rösten, mit Olivenöl beträufeln, mit Knoblauch und Tomaten einreiben. Bei Raumtemperatur beiseitestellen.
Die Suppe kalt zusammen mit den Röstbrotscheiben essen.

Kalte Zucchini-Knoblauch-Suppe, mit Tomaten eingeriebenes Röstbrot

# SOUPE AU PISTOU
# (PROVENZALISCHE GEMÜSESUPPE)

**Für 6 Personen**
Zubereitungszeit: 40 Minuten
Kochen: 20 Minuten

**Zutaten**

*Für die Suppe*
3 Karotten
2 große Kartoffeln
4 kleine Zucchini
200 g grüne Bohnen
5 vollreife Tomaten
200 g frische enthülste Erbsen oder TK-Erbsen
250 g Kirschtomaten
5 EL Olivenöl
250 g frische weiße Bohnenkerne
80 g Nudeln (kleine Hörnchennudeln, Ditali oder Mini-Penne)
50 g Ziegen-Tomme oder Parmesan
Salz, Pfeffer aus der Mühle

*Für das Pistou*
1 Bund Basilikum
2 vollreife Tomaten
4 rosa Knoblauchzehen
100 ml Olivenöl
Salz, Pfeffer aus der Mühle

**Zubereitung**

Karotten und Kartoffeln schälen und in ca. 1 Zentimeter große Würfel schneiden. Die Kartoffeln in kaltes Wasser legen, damit sie nicht schwarz werden. Stiel- und Blütenansatz der Zucchini abschneiden, waschen und in 1 Zentimeter große Würfel schneiden. Die grünen Bohnen in Stifte schneiden.

Die Samenkerne der Tomaten entfernen, das Fruchtfleisch in große Stücke schneiden.

Das Olivenöl in einem Schmortopf erhitzen. Karotten und Zucchini im lauwarmen Olivenöl 5 Minuten anschwitzen, ohne dass sie sich braun verfärben. Die Tomatenstücke und 1,5 Liter Wasser zugeben und aufkochen. Sobald das Wasser anfängt zu sieden, frische Bohnenkerne, grüne Bohnen, Kartoffeln und Nudeln in den Topf geben. Ca. 20 Minuten kochen, nach 10 Minuten die Erbsen zugeben. In die Bohnen einstechen, um den Garzustand zu überprüfen. Mit Salz und Pfeffer abschmecken.

Für das Pistou die Basilikumblättchen abzupfen und waschen, die Tomatensamen entfernen und den Knoblauch schälen. Alle Zutaten im Mixer mixen, mit Salz und Pfeffer abschmecken.

Die Suppe in tiefen Tellern servieren und mit 1 oder 2 Esslöffeln Pistou würzen. Geriebenen Käse dazu reichen. Die halbierten Kirschtomaten erst ganz kurz vor dem Servieren in die Suppe geben.

*Die Suppe kann bereits am Vortag gekocht werden, es empfiehlt sich aber, das Pistou erst im letzten Moment zuzubereiten.*
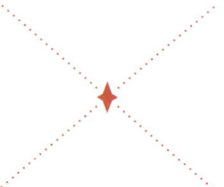

## RATATOUILLE MIT ROSMARIN UND WEICHEM EI [1]

**Für 4-6 Personen**
Zubereitungszeit: 35 Minuten | Kochen: 1 Stunde 10 Minuten

**Zutaten**
*2 Auberginen \ 4 Zucchini \ 4 Tomaten \ 4 rosa Knoblauchzehen \ 2 milde Zwiebeln \ 1 rote Paprikaschote \ 1 grüne Paprikaschote \ 1 gelbe Paprikaschote \ 6 EL Olivenöl zum Erhitzen \ 1 Stängel Rosmarin \ 2 Lorbeerblätter \ 6 Eier \ 3 EL Olivenöl \ Salz, Pfeffer aus der Mühle*

**Zubereitung**
Auberginen, Zucchini und Tomaten waschen, Stiel- und Blütenansatz abschneiden und in Stücke schneiden. Zwiebeln und Knoblauchzehen schälen und hacken. Von den Paprikaschoten den Stiel und die Samen entfernen, das Fruchtfleisch in Stücke schneiden. Das Olivenöl in einem Schmortopf erhitzen, Zwiebeln, Knoblauch und Zucchini einige Minuten anschwitzen, dann Paprika, Tomaten und Auberginen zugeben. Die Temperatur zurückschalten, Rosmarin und Lorbeer zugeben, salzen, pfeffern und 1 Stunde auf kleiner Hitze kochen, dann beiseitestellen. Die Eier 5 Minuten weich kochen, unter kaltem Wasser abschrecken und schälen. Die Ratatouille in den Tellern anrichten, den Kochjus und etwas Olivenöl zugeben. Ein weiches Ei in die Mitte legen, salzen und pfeffern. Mit geröstetem Brot servieren.

## ZUCCHINI MIT MOZZARELLA [2]

**Für 4 Personen**
Zubereitungszeit: 20 Minuten

**Zutaten**
*4 gelbe Zucchini \ 1 Bund Schnittlauch \ 4 Kugeln Büffelmozzarella \ 4 EL Olivenöl \ Salz, Pfeffer aus der Mühle*

**Zubereitung**
Die Zucchini waschen und reiben. Den Schnittlauch waschen, trocknen und fein schneiden. Die geriebenen Zucchini mit Schnittlauch und Olivenöl vermischen, mit Salz und Pfeffer würzen. Auf 4 Tellern anrichten. Geröstetes Brot mit einer Tomate einreiben und mit Olivenöl beträufeln. Zusammen mit Mozzarella zum Zucchinisalat servieren.

## FRÜHLINGSROLLEN MIT GURKE UND ROTBARBE [3]

**Für 4 Personen**
Zubereitungszeit: 35 Minuten | Kochen: 10 Minuten

**Zutaten**
*Für die Kräutersauce: 30 g gesalzene Erdnüsse \ 5 Minzblätter \ 1 Bund Koriander \ 30 g frischer Ingwer \ 3 EL Olivenöl \ 2 EL Sojasauce (am besten eine japanische Sojasauce, oder eine salzreduzierte Shoyusauce)*
*Für die Frühlingsrollen: 4 Rotbarbenfilets \ 2 EL Olivenöl \ 1 Bund Minze \ 1 Bund Koriander \ 1 kleine Gurke \ 8 kleine Reisblätter \ Salz, Pfeffer aus der Mühle*

**Zubereitung**
Die Erdnüsse ohne Fett rösten und beiseitestellen. Die Minz- und Korianderblättchen waschen und trocknen. Den Ingwer schälen. Alle Zutaten pürieren und beiseitestellen. Die Fischfilets der Länge nach durchschneiden und einige Minuten in Olivenöl anbraten. Die Minzblättchen abzupfen und waschen. Die Korianderblättchen waschen, trocknen und grob hacken. Die Gurke mit dem Gemüsehobel in dünne Streifen hobeln. Die Reisblätter anfeuchten und mit Gurkenstreifen belegen. Fischfilets, Minze und Koriander darauf verteilen, salzen und pfeffern. Fest aufrollen. 5 Minuten kühl stellen, dann zusammen mit der Sauce servieren.

## BOHNENSALAT MIT GELBER BETE [4]

**Für 4 Personen**
Zubereitungszeit: 25 Minuten | Kochen: 1 Stunde

**Zutaten**
*4 rohe gelbe Beten \ 400 g Butterbohnen \ 4 Roma-Tomaten \ 4 Stängel glatte Petersilie \ 5 Stängel Koriander \ 1 Bund Schnittlauch \ 4 EL Rapsöl \ 1 EL Weinessig \ 1 EL Senf Salz, Pfeffer aus der Mühle*

**Zubereitung**
Die Beten mit der Haut dämpfen, die Bohnen ebenfalls dämpfen. Die Beten schälen und in dünne Scheiben schneiden. Die Tomaten waschen und der Länge nach in jeweils 6 Stücke schneiden. Die Kräuter waschen, trocknen und grob hacken. Öl, Essig, Senf, Kräuter, Tomaten, Beten und Bohnen in eine Schüssel geben, salzen, pfeffern und vermischen.

1

2

3

4

# KIRSCHTOMATENSALAT MIT FRISCHEN TRAUBEN UND ESTRAGON

**Für 4 Personen**
Zubereitungszeit: 10 Minuten

**Zutaten**
*500 g verschiedenfarbige Kirschtomaten*
*200 g Muskattrauben*
*5 Stängel frischer Estragon*
*1 Bund Koriander, gewaschen und abgezupft*
*2 EL Sojasauce (am besten eine japanische Sojasauce, oder eine salzreduzierte Shoyusauce)*
*4 EL Olivenöl*
*Salz, Pfeffer aus der Mühle*

**Zubereitung**
Die Tomaten waschen, trocknen und halbieren. Die Trauben waschen und trocken. Den Estragon waschen, trocknen, abzupfen und grob hacken.
Die Tomaten in einer Schüssel mit Trauben, Estragon und Koriander vermischen. Leicht salzen und pfeffern.
Den Salat auf 4 kleinen Tellern anrichten und als Vorspeise oder als Beilage zu einem Brathuhn oder zu paniertem Schnitzel essen.

# MAISKOLBEN IM BACKOFEN, PAPRIKABUTTER

**Für 4 Personen**
Zubereitungszeit: 10 Minuten plus 10 Minuten Ruhezeit
Kochen/Grillen: 45 Minuten

**Zutaten**
*4 Maiskolben*
*80 g Butter (Raumtemperatur)*
*2 EL Paprikapulver*
*Salz, Pfeffer aus der Mühle*

**Zubereitung**
Den Backofengrill vorheizen.
Die Maisblätter abziehen und die Kolben 30 Minuten im Dampfgarer dämpfen oder in sprudelndem Salzwasser kochen.
In der Zwischenzeit das Paprikapulver unter die weiche Butter rühren und kühl stellen. Die Maiskolben abgießen und etwa 10 Minuten trocknen lassen. In eine Auflaufform legen, mit Paprikabutter bestreichen und unter dem Backofengrill 10 bis 15 Minuten grillen. Salzen, pfeffern und sofort verzehren.

Kirschtomatensalat mit frischen Trauben und Estragon

Maiskolben im Backofen, Paprikabutter | ↑ | | | ↓ | Mit Kaninchenfleisch gefülltes Gemüse

# MIT KANINCHENFLEISCH GEFÜLLTES GEMÜSE

**Für 6 bis 8 Personen**
Zubereitungszeit: 40 Minuten
Backen: 45 Minuten

### Zutaten
*1 altbackenes Brötchen oder 2 Scheiben Weißbrot*
*50 ml Milch*
*4 Knoblauchzehen*
*1 milde Zwiebel*
*4 Stängel glatte Petersilie*
*4 Kaninchenkeulen (vom Metzger von den Knochen gelöst)*
*150 g Wurstbrät*
*2 EL grob geriebener Parmesan*
*1 EL getrockneter Oregano*
*1 gelbe Paprikaschote*
*1 Aubergine*
*1 große Ochsenherztomate*
*1 große runde Zucchini*
*4 EL Olivenöl*
*Salz, Pfeffer aus der Mühle*

### Zubereitung
Den Backofen auf 180 °C vorheizen.
Das Brot in der lauwarmen Milch einweichen. Knoblauch und Zwiebeln schälen und in Stücke schneiden. Die Petersilie waschen und trocknen.
Das Kaninchenfleisch in Stücke schneiden und mit Brot, Petersilie, Zwiebeln und Knoblauch durch den Fleischwolf drehen (oder in den Mixer geben). Diese Masse mit Brät, Parmesan und Oregano vermischen. Mit den Händen kräftig durchkneten, damit alles gut verbunden wird.
Das Gemüse halbieren oder einen Deckel abschneiden und aushöhlen. Mit der Kaninchen-Farce füllen und diese fest andrücken. Das Gemüse in eine große Auflaufform setzen, mit Olivenöl beträufeln und im Backofen 45 Minuten garen.
Das gefüllte Gemüse genießen, sobald es fertig ist. Als Beilage passt Salat. Das Gemüse kann auch im Voraus zubereitet und kühl aufbewahrt werden. Es wird dann vor dem Essen nur einige Minuten im Backofen aufgewärmt.

# FRISCHE WEISSE BOHNEN MIT SAHNE-VINAIGRETTE

**Für 4 Personen**
Zubereitungszeit: 10 Minuten
Kochen: 30 Minuten

### Zutaten
*500 g frisch enthülste weiße Bohnenkerne*
*1 Bund Schnittlauch*
*2 frische Knoblauchzehen*
*3 Frühlingszwiebeln*
*2 EL Sahne*
*4 EL Olivenöl*
*2 EL Weinessig*
*Salz, Pfeffer aus der Mühle*

### Zubereitung
Die Bohnen in kochendes Salzwasser geben und 30 Minuten auf kleiner Hitze kochen. Sobald sie gar sind, den Topf von der Platte nehmen und die Bohnen im Salzwasser lauwarm abkühlen lassen.
Den Schnittlauch waschen und fein schneiden. Die Knoblauchzehen schälen und pressen. Die Frühlingszwiebeln schälen und mit dem Blattgrün fein schneiden.
Die Bohnen abtropfen lassen, Knoblauch, Zwiebel, Sahne, Olivenöl, Weinessig und Schnittlauch zugeben. Alles vermischen, mit Salz und Pfeffer abschmecken und sofort servieren.

Frische weiße Bohnen mit Sahne-Vinaigrette

# GRÜNES TOMATEN-CHUTNEY

**Für 4 Personen**
Zubereitungszeit: 35 Minuten plus 45 Minuten Ruhezeit
Kochen: 90 Minuten

**Zutaten**
*1,2 kg grüne Tomaten*
*2 große Zwiebeln*
*1 TL Currypulver*
*1 kleine Chilischote (nach Belieben)*
*500 g Zucker*
*600 ml Branntweinessig*
*1 TL Korianderkörner*
*1 TL getrockneter Kreuzkümmel*
*Salz, Pfeffer aus der Mühle*

**Zubereitung**
Die Tomaten waschen und in große Stücke schneiden. Die Zwiebeln schälen und hacken. Tomaten, Zwiebeln, Curry und Chilischote mit dem Zucker in einem Kupfertopf (wie zum Marmeladekochen) mit dem Zucker vermischen. Den Branntweinessig zugeben und 45 Minuten marinieren lassen, dabei zwei Mal mit einem Holzlöffel umrühren.
Das Chutney 90 Minuten auf sehr kleiner Hitze köcheln lassen, dabei gelegentlich umrühren. Das kochend heiße Chutney in Marmeladengläser füllen, Koriander und Kreuzkümmel zugeben, mit den Deckeln verschließen und sofort umdrehen und abkühlen lassen. Auf diese Weise wird die Luft verdrängt und das Chutney hält sich besser. Dieses Chutney passt zu Fleisch oder zu gegrilltem Fisch.

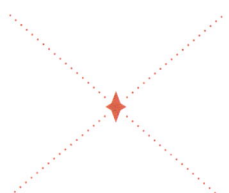

*Anstelle der grünen Tomaten können auch Zucchini verwendet werden.*

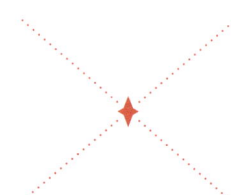

# RUNDE ZUCCHINI, MIT MERGUEZBRÄT GEFÜLLT

**Für 4 Personen**
Zubereitungszeit: 25 Minuten
Backen: 35 Minuten

**Zutaten**
*4 Stängel frischer Koriander*
*4 getrocknete Aprikosen*
*2 EL feiner Weizengrieß*
*5 Merguez (scharf gewürzte Hackfleischbratwurst)*
*1 TL gemahlener Kreuzkümmel*
*8 kleine runde Zucchini*
*4 EL Olivenöl*
*Salz, Pfeffer aus der Mühle*

**Zubereitung**
Den Koriander waschen, trocknen und hacken. Die Aprikosen in kleine Stücke schneiden. Den Grieß in 1 Esslöffel heißem Wasser aufquellen lassen. Die Merguez aufschneiden, die Haut entfernen und das Wurstbrät mit Grieß, Kreuzkümmel und Aprikosen vermischen. Einen Deckel von den Zucchini abschneiden und das Fruchtfleisch im Inneren mit einem spitzen Messer auslösen.
Den Backofen auf 180 °C vorheizen.
Das Zucchinifruchtfleisch hacken und mit dem Wurstbrät vermischen. (Das Zucchinifruchtfleisch kann auch einfach auf den Boden der Auflaufform gelegt werden). Die Zucchini mit der Farce füllen, die Deckel aufsetzen und in eine Auflaufform legen. Mit Olivenöl beträufeln, salzen und pfeffern. 35 Minuten im Backofen garen.
Die gefüllten Zucchini heiß, zusammen mit Polenta oder mit einem Kartoffelpüree mit Olivenöl, servieren.

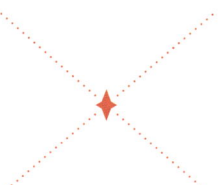

*Anstelle von Merguez-Wurstbrät können Sie auch normales Wurstbrät verwenden.*

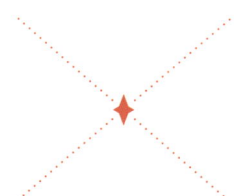

# AUBERGINENCURRY MIT FRISCHEM KORIANDER

**Für 4 Personen**
Zubereitungszeit: 10 Minuten
Kochen: 70 Minuten

### Zutaten
*4 Auberginen (vorzugsweise weiße)*
*4 rosa Knoblauchzehen*
*2 milde Zwiebeln*
*1 Bund frischer Koriander*
*4 EL Sonnenblumenöl*
*2 EL Currypulver*
*1 TL Kreuzkümmel*
*2 Gewürznelken*
*1 Zimtstange*
*50 g große Rosinen*
*500 ml Kokosmilch*
*Salz, Pfeffer aus der Mühle*

### Zubereitung
Die Auberginen waschen, trocknen und in große Würfel schneiden. Knoblauch und Zwiebeln schälen und hacken. Den Koriander mit den Stielen waschen, in der Salatschleuder trocken schleudern und beiseitestellen.
Die Hälfte des Sonnenblumenöls in einem Schmortopf erhitzen, Zwiebeln und Knoblauch im heißen Öl anschwitzen, einige Minuten anbräunen lassen, dann die restlichen Gewürze zugeben. 10 Minuten auf kleiner Hitze braten, dabei von Zeit zu Zeit umrühren.
Das restliche Öl in einer großen Pfanne erhitzen und die Auberginenstücke auf allen Seiten anbraten. Die Auberginen und die Rosinen in den Schmortopf geben und mit der Kokosmilch übergießen. Die Temperatur zurückschalten, salzen und pfeffern. 45 Minuten auf kleiner Hitze schmoren. Sobald die Auberginen fast zu Püree verkocht sind, die Topf von der Platte nehmen und mit Salz und Pfeffer abschmecken. Den Curry lauwarm werden lassen, dann den Koriander zugeben und vermischen. Dieses Gericht wird nicht sehr warm gegessen, der Koriander darf nicht in der Sauce kochen.
Als vegetarisches Gericht kann der Auberginencurry mit Reis serviert werden. Er passt aber auch zu Kalbsbraten oder im Backofen gebratenen Hähnchenkeulen.

# PROVENZALISCHER TIAN, ÜBERBACKEN

**Für 4 Personen**
Zubereitungszeit: 30 Minuten
Kochen: 45 Minuten

### Zutaten
*2 große festkochende Kartoffeln*
*3 milde Zwiebeln*
*8 rosa Knoblauchzehen*
*5 große, nicht allzu reife Tomaten*
*3 Zucchini*
*1 große Aubergine*
*6 EL Olivenöl*
*1 EL getrocknete Thymianblüten*
*3 Lorbeerblätter*
*200 g geriebener Käse*
*Salz, Pfeffer aus der Mühle*

### Zubereitung
Den Backofen auf 170 °C vorheizen.
Die Kartoffeln schälen und in dünne Scheiben schneiden. In eine Schüssel mit kaltem Wasser geben, damit sie nicht schwarz werden. Zwiebeln und Knoblauch schälen und in dünne Scheiben schneiden. Tomaten, Aubergine und Zucchini in dünne Scheiben schneiden.
2 Esslöffel Olivenöl in eine große Auflaufform geben. Das Gemüse abwechselnd in die Form schichten. Zuerst eine Reihe Kartoffeln, dann Tomaten, Auberginen, Zucchini und Zwiebeln einschichten und wiederholen, bis das ganze Gemüse aufgebraucht ist. Das Gemüse recht eng anordnen, denn beim Garen wird es leicht schrumpfen. Den Knoblauch zwischen den Reihen verteilen, die Lorbeerblätter zwischen das Gemüse stecken und mit Thymian bestreuen. Salzen, pfeffern und mit geriebenem Käse bestreuen. Den Gemüseauflauf 45 Minuten im Backofen backen: Der Käse ist dann leicht gratiniert, das Gemüse ist weich und schmelzend.
Den Tian abkühlen lassen und mit einer im Backofen gebratenen Dorade (Goldbrasse) servieren.

Auberginencurry mit frischem Koriander

## DORADE, IM BACKOFEN GEBRATEN

*Rechte Seite:* Provenzalischer Tian, überbacken

Drittes Kapitel

# HERBST

| | | |
|---|---|---|
| Hokkaidokürbis | Eichblattsalat | Pfifferling |
| Riesenkürbis | Steinpilz | Romanesco |
| Milchlinge | Totentrompete | Patisson |
| Rosenkohl | Schwarzer Rettich | Patidou (Sweet Dumpling-Kürbis)) |
| Rotkohl | Weiße Champignons | Brunnenkresse |
| Weißkohl | Spaghettikürbis | Haselnuss |
| Grünkohl | Butternutkürbis | Walnuss |
| Esskastanien | Rote Bete „Crapaudine" | Radicchio |

# NACHSAISON MIT GROSSEN HAUPTDARSTELLERN

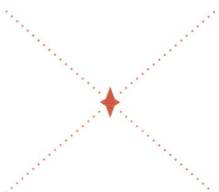

Der Herbst ist bei Weitem nicht der Anfang vom Ende. In dieser Jahreszeit gibt es sehr viel Gemüse, und dies aus zweierlei Gründen: Das Sommergemüse bleibt uns noch erhalten und ist bis in den Oktober hinein auf den Gemüseständen zu finden, zum Beispiel Tomaten, Auberginen, Zucchini, Paprika … Zur gleichen Zeit kommen nach und nach verschiedene Kürbisgewächse auf den Markt, Weißkohl und Rotkohl, Rosenkohl und Romanesco.

Im Herbst haben außerdem die Pilze Hauptsaison. Puristen schreien hier sofort empört auf: Pilze sind doch kein Gemüse! Vom botanischen Standpunkt her gesehen ist das richtig, aber auf unseren Tellern sind sie doch sehr präsent, zusammen mit Wildfleisch, das zu den Stars der Saison gehört. Totentrompeten, Steinpilze, Seitlinge … Im Herbst findet man auch noch Pfifferlinge, die schon seit Juni im Unterholz sprießen. Nicht zu vergessen der weiße Champignon, der in Frankreich Champignon de Paris genannt wird, obwohl er natürlich nicht in Paris wächst. Die meisten Zucht-Champignons, kommen aus China. Die regionalen Champignons sind aber frischer und viel schmackhafter als die chinesischen!

Der Herbst ist auch die Jahreszeit der Kastanien und Maronen, der Walnüsse und Haselnüsse, die wir auf dem Markt und in unseren Tellern finden. Auch hier handelt es sich nicht um Gemüse, sondern um Früchte. Aber genau wie die Tomate eine Frucht ist, die zum Gemüse wurde, sind Kastanien & Co. Früchte, die sehr gut zu salzigen und pikanten Zutaten passen.

Die Rote Bete „Crapaudine", eine der ältesten Bete-Sorten, kommt am Ende des Sommers auf den Markt und bleibt dort bis zum November. Ihr sehr süßes hellrotes Fruchtfleisch, das von weißen Ringen umgeben ist, wird seit einigen Jahren von den Chefköchen sehr geschätzt. Sie kann roh oder gekocht gegessen werden. Anfang der 2000er Jahre wurde das Rote-Bete-Carpaccio zum Symbol der neuen Bistro-Küche.

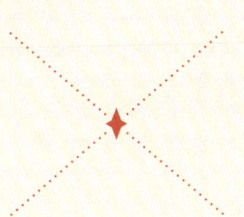

## WUSSTEN SIE DAS?

Was ist der Unterschied zwischen einer Kastanie und einer Marone? Die Kastanie ist die Frucht des Rosskastanienbaumes, die Marone hingegen ist die Frucht der Esskastanie. Als Esskastanie (oder Edelkastanie) wird sie bei uns ebenfalls bezeichnet, und wie der Name schon sagt: Sie ist essbar, während die Rosskastanie ungenießbar ist. Maronen oder Maroni werden in einer Vielzahl von Sorten angebaut. Man bekommt sie ab September roh überall auf dem Markt, und wenn es kälter wird – nicht zuletzt auf den Weihnachtsmärkten – werden sie auch geröstet verkauft. Ein köstlicher Imbiss, an dem man sich die Hände wärmen kann.

Maroni oder Esskastanien werden aber auch als Konserven verarbeitet. Sie dienen als Zutat zu vielen Gerichten.

## LAUTER KÜRBISSE

*Riesenkürbis, Gartenkürbis, Hokkaidokürbis und Patisson gehören alle zur botanischen Familie der Kürbisgewächse (Cucurbitaceae).*

*Als märchenhaftes Gemüse wird der Kürbis für Cinderella zur Kutsche, aber an Halloween zeigt er sein böses Gesicht. Im Teller unterscheiden sich Riesenkürbis und Gartenkürbis: Der erstere ist süßer und sein Fruchtfleisch ist weniger faserig als das des Gartenkürbisses. Seit einigen Jahren finden wir an den Gemüseständen auch Hokkaido-Kürbisse, die noch süßer sind und deren weiches Fruchtfleisch ein feines Kastanienaroma hat. Die Patissons, auch ein Art Gartenkürbisse, sind kleiner und ihr Geschmack erinnert an Artischocken.*

*Abbildung oben:*
In der Kürbis-Hauptsaison wird der Gartenkürbis auf dem Markt in Stücken verkauft.
*Linke Seite:* Gelber Mangold

# KRESSE

Die echte Brunnenkresse, auch Wasserkresse genannt – nicht zu verwechseln mit der Gartenkresse, die in der Erde gedeiht – ist ein besonderes Gemüse. Meist wird sie nicht von Gemüsebauern angebaut, denn sie ist eine Sumpf- oder Wasserpflanze, die in Süßwasser wächst. Während die Brunnenkresse eine französische und auch englische Vorliebe ist, steht in Deutschland die Gartenkresse im Vordergrund des Küchengeschehens. Brunnenkresse taucht in Deutschland kaum im Handel auf, frische Gartenkresse ist hingegen ein Standard in der Frischgemüseabteilung eines jeden Lebensmittelmarktes. Wegen ihres einfacheren Anbaus, der besseren Vermarktbarkeit und Haltbarkeit hat die Gartenkresse der milderen Brunnenkresse hierzulande den Rang abgelaufen. Beide sind, zusammen mit Barbarakraut, Senf und Meerrettich, miteinander verwandte Kreuzblütler. Auch die leckere Staudenkresse (Lepidium peruvianum) gehört hierher. Trotz ihrer kresseähnlichen Würze mit ihr nicht verwandt sind hingegen die Kleine und die Große Kapuzinerkresse. Deren Blätter, Blüten und zarte junge Samenstände erfreuen sich in der kreativen Küche zunehmender Beliebtheit.

All diese „Kresse-Typen" harmonieren in der Küche sehr gut mit Petersilie. Gemischt verwendet, konkurrieren sie allerdings miteinander. Gartenkresse wird ausschließlich roh verwendet, die Brunnenkresse verträgt das leichte Erhitzen ohne allzu großen Aromaverlust.

Brunnenkresse wird von Hand geerntet; das erfordert sehr viel Geduld. Die Stiele werden geschnitten und zum Bund zusammengefasst. Sie hat nur wenige Kalorien und einen kräftigen Geschmack. Aus einem Bund Brunnenkresse kann man zwei Gerichte zubereiten: Aus den Stielen macht man eine Suppe, die Blättchen kocht man wie Spinat und serviert sie als Beilage zu Fleisch und Fisch, oder man macht einen Salat daraus.

*Rechte Seite:* Brunnenkresseanbau in Méréville, südlich von Paris

3 und 8: Butternutkürbis   4: Spaghettikürbis   5: Patidou Kürbis   6 und 7: Hokkaidokürbis

4: Steinpilz  5: Gemeiner Riesenschirmling  6: Weinroter Kiefern-Reizker  7: Weißer Champignon
8: Totentrompete  9: Falscher Pfifferling oder Orangegelber Gabelblättling  10: Pfifferling

1: Schwarzer Rettich   2: Eichblattsalat   3: Brunnenkresse   4: Radicchio   5: Länglicher Radicchio

# KALBSFRIKASSEE MIT BUTTERNUTKÜRBIS UND PFIFFERLINGEN

**Für 4 Personen**
Zubereitungszeit: 35 Minuten
Kochen: 1 Stunde 40 Minuten

**Zutaten**
*1 Zwiebel*
*2 Karotten*
*1 Lauch*
*250 g Pfifferlinge*
*1,2 Kalbsschulter, nicht zu fett, in 70 g schwere Würfel geschnitten*
*2 Gewürznelken*
*1 Stängel Thymian*
*1 Lorbeerblatt*
*300 g Kürbis (Gartenkürbis, Butternut oder Hokkaido), geschält, entkernt und in Stücke geschnitten*
*10 Salbeiblätter*
*500 g Crème fraîche*
*1 EL Sonnenblumenöl*
*Salz, Pfeffer aus der Mühle*

**Zubereitung**
Zwiebel und Karotten schälen. Die Karotten in Scheiben schneiden. Den Lauch in drei Teile schneiden, unter fließend kaltem Wasser gut waschen und zusammenbinden. Die Pfifferlinge putzen.
Das Fleisch in einen Schmortopf geben, mit Wasser bedecken und aufkochen. Die Fleischstücke abgießen, unter kaltem Wasser abspülen, den Topf auswaschen und die Fleischstücke wieder in den Topf geben. Lauchstücke, Karotten, die mit Gewürznelken gespickte Zwiebel, Thymian und Lorbeer zugeben.
Mit Wasser bis 5 Zentimeter oberhalb der Zutaten aufgießen. Aufkochen, dann die Temperatur zurückschalten und 1 Stunde auf sehr kleiner Hitze kochen.
Wenn das Fleisch gar ist, die Stücke in eine Schüssel legen. Die Brühe durch ein Sieb in einen großen Topf gießen, die Karotten wieder zugeben, dann die Kürbisstücke und 5 Salbeiblätter in den Topf geben und 25 Minuten kochen. Die Crème fraîche zugießen, aufkochen und mit dem Pürierstab pürieren. Salzen, pfeffern und die Fleischstücke vorsichtig in die Sauce geben und vermischen.
Die Pfifferlinge im Sonnenblumenöl in einer Pfanne anbraten und zum Fleisch geben. Kurz vor dem Servieren die restlichen Salbeiblätter hacken und auf das Fleisch streuen.
Als Beilage passt Reis. Der Lauch wird mit einer Vinaigrette als Vorspeise serviert.

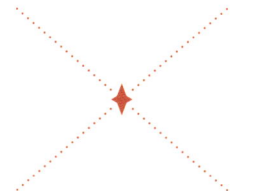 *Die Pfifferlinge können auch durch geschmorte Kürbisstücke ersetzt werden.*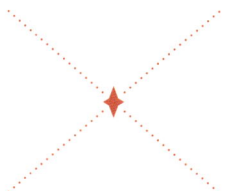

# ROTE BETE „CRAPAUDINE", IM SALZMANTEL GEGART, KRÄUTERVINAIGRETTE

**Für 4 Personen**
Zubereitungszeit: 10 Minuten
Schmoren: 2 Stunden

**Zutaten**
*2 große rote Beten „Crapaudine"*
*1 kg grobes Meersalz*
*1 kleiner Bund glatte Petersilie*
*1 Bund Schnittlauch*
*1 EL Senf*
*3 EL Weinessig*
*6 EL Olivenöl*
*Salz, Pfeffer aus der Mühle*

**Zubereitung**
Den Backofen auf 160 °C vorheizen.
Die Beten waschen, nicht schälen, aber gut abbürsten, damit die Erde vollständig entfernt wird. In eine große Auflaufform legen, mit grobem Salz bedecken und 2 Stunden im Backofen schmoren.
In der Zwischenzeit die Kräuter waschen, trocknen und grob hacken. Senf, Essig und Öl mit dem Schneebesen verrühren. Die Beten aus dem Backofen nehmen, schälen und in dicke Scheiben schneiden. Die Betescheiben warm auf den Tellern anrichten, die Kräuter mit der Vinaigrette vermischen und die Rote Bete damit überziehen. Sofort verzehren.
Mit hart gekochten Eiern in der Vinaigrette wird aus diesen Roten Beten ein Hauptgericht.

# SPAGHETTIKÜRBIS MIT SPAGHETTI

**Für 4 Personen**
Zubereitungszeit: 25 Minuten
Kochen: 1 Stunde

**Zutaten**
*1 Spaghettikürbis*
*80 g alter Comté*
*4 Stängel frischer Thymian*
*400 g Vollkornspaghetti*
*4 Knoblauchzehen*
*4 EL Olivenöl*
*Salz, Pfeffer aus der Mühle*

**Zubereitung**
Den Backofen auf 180 °C vorheizen.
Den Kürbis waschen, den Stielansatz abschneiden und halbieren. Die beiden Kürbishälften in eine Auflaufform legen und 45 Minuten im Ofen garen.
Den Käse reiben und beiseitestellen. Die Thymianblättchen abzupfen. Den Kürbis aus dem Backofen nehmen, das Fruchtfleisch mit einem Löffel auslösen, grob hacken und beiseitestellen.
Die Spaghetti in sprudelndem Salzwasser bissfest kochen, abgießen, etwas Kochwasser auffangen.
Den Knoblauch schälen und zerdrücken. 10 Minuten vor dem Servieren das Olivenöl in einer Pfanne erhitzen, den Knoblauch zugeben und 1 Minute braten. Dann die Spaghetti, das Kürbisfleisch, Thymian und etwas Kochwasser zugeben. Salzen, pfeffern und noch ein paar Minuten unter gelegentlichem Rühren erhitzen.
Mit dem geriebenen Käse bestreuen und sofort servieren.

Rote Bete „Crapaudine", im Salzmantel gegart, Kräutervinaigrette

Spaghettikürbis mit Spaghetti | Kastanienpfanne mit Steinpilzen und Foie gras

# KASTANIENPFANNE MIT STEINPILZEN UND FOIE GRAS

**Für 4 Personen**
Zubereitungszeit: 15 Minuten
Braten: 25 Minuten

**Zutaten**
*24 Esskastanien (auch vakuumverpackte)*
*1 Bund Schnittlauch*
*200 g Steinpilze*
*80 g Butter*
*1 kleiner frischer Lappen Foie gras*
*Salz, Pfeffer aus der Mühle*

**Zubereitung**
Die Schale der Esskastanien einschneiden und in einer großen Lochpfanne auf starker Hitze 10 Minuten anbraten. Die Schale entfernen, sobald sie gar sind. (Dieser Arbeitsgang entfällt, wenn Sie gegarte, vakuumverpackte Kastanien verwenden.)
Den Schnittlauch fein schneiden. Die Steinpilze putzen und in Stücke schneiden. Die Butter in einer großen Pfanne schmelzen. Die Kastanien in die schäumende Butter geben und 10 Minuten leicht anbräunen, dann die Steinpilze zugeben, immer noch auf starker Hitze. Salzen, pfeffern und 5 Minuten weiterbraten. Dann die Pfanne von der Platte nehmen, die Kastanien und Steinpilze warm stellen.
In einer anderen, sehr heißen Pfanne, die in Scheiben geschnittene Foie gras ohne Zugabe von Fett anbraten. 3 bis 4 Minuten anbräunen, dann vorsichtig wenden und weitere 2 Minuten braten.
Kastanien und Steinpilze zur Foie gras geben, mit Schnittlauch bestreuen und mit Salz und Pfeffer abschmecken. Sofort servieren.

# PIZZA MIT WEISSEN CHAMPIGNONS

**Für 4 Personen**
Zubereitungszeit: 25 Minuten
Backen: 30 Minuten

**Zutaten**
*500 g weiße Champignons*
*1 runder Pizzateig (aus dem Kühlregal)*
*2 EL Crème fraîche*
*4 EL Olivenöl*
*150 g frische junge Spinatblätter, küchenfertig*
*Salz, Pfeffer aus der Mühle*

**Zubereitung**
Den Backofen auf 250 °C vorheizen.
Die Champignons waschen und in Scheiben schneiden.
Den Pizzateig auf einem Stück Backpapier auslegen. Mit Crème fraîche bestreichen, dann die Spinatblätter auf dem Teig verteilen, Champignons auf die Spinatblätter legen. Salzen, pfeffern und mit der Hälfte des Olivenöls beträufeln.
Die Pizza 20 bis 30 Minuten backen, herausnehmen und etwas abkühlen lassen. Mit dem restlichen Olivenöl beträufeln und salzen.
Die Pizza kann warm oder kalt gegessen werden. Ein frischer Salat passt gut dazu.

## ÜBERBACKENER PATISSON MIT FOURME D'AMBERT [1]

**Für 4 Personen**
Zubereitungszeit: 35 Minuten | Kochen: 1 Stunde

**Zutaten**
*4 Patissons \ 200 g Fourme d'Ambert (Edelschimmelkäse aus der Auvergne) \ 4 EL Crème fraîche \ Salz, Pfeffer aus der Mühle \ Muskat*

**Zubereitung**
Den Backofen auf 180 °C vorheizen.
Die Patissons waschen. Den Käse in dünne Scheiben schneiden. Von den Kürbissen einen Deckel abschneiden und auf ein Blech setzen. Salzen, pfeffern und 45 Minuten im Backofen garen. Dann mit einer Mischung aus Crème fraîche, Salz, Pfeffer und Muskat bestreichen. Mit Käsescheiben belegen, die Deckel auflegen und 15 Minuten im 180 °C heißen Backofen überbacken. Sobald der Käse geschmolzen und das Fruchtfleisch weich ist, können die Patissons heiß, mit der Haut gegessen werden. Dazu passt Geflügelfleisch.

## RISOTTO MIT TOTENTROMPETEN [2]

**Für 4 Personen**
Zubereitungszeit: 25 Minuten | Kochen: 35 Minuten

**Zutaten**
*300 g Totentrompeten \ 1 Schalotte \ 1 Knoblauchzehe \ 4 EL Olivenöl \ 200 g schwarzer oder weißer Risottoreis \ 50 g Butter \ 500 ml Gemüsebrühe \ 2 EL Crème fraîche \ 50 ml Weißwein \ 50 g geriebener Parmesan \ Salz, Pfeffer aus der Mühle*

**Zubereitung**
Die Totentrompeten waschen und trocknen.
Schalotte und Knoblauchzehe schälen und hacken. Im Olivenöl farblos anschwitzen. Die Pilze zugeben und 2 Minuten erhitzen, dann die Butter und den Reis zugeben. Die Reiskörner in der Butter-Pilz-Mischung aufplatzen lassen, dann einen großen Schöpflöffel Geflügelbrühe zugeben. Für das Risotto nach und nach die restliche Brühe unter Rühren zugießen. Sobald der Reis gar, aber noch leicht fest ist, mit Salz und Pfeffer abschmecken. Dann die Crème fraîche, den Weißwein und den Parmesan unterrühren und sofort verzehren.

## EICHBLATT-TAUBEN-SALAT [3]

**Für 4 Personen**
Zubereitungszeit: 25 Minuten \ Kochen: 45 Minuten

**Zutaten**
*2 Tauben \ 5 EL Sonnenblumenöl \ 1 Eichblattsalat \ 1 Radicchio \ 2 EL Weinessig \ 2 EL scharfer Senf \ 1 Bund Schnittlauch \ Salz, Pfeffer aus der Mühle*

**Zubereitung**
Den Backofen auf 180 °C vorheizen.
Die Tauben salzen und pfeffern. Mit einem großen Messer halbieren und in eine ofenfeste Form legen. Mit 1 Esslöffel Sonnenblumenöl beträufeln und 35 Minuten im Ofen braten. In der Zwischenzeit die Salate verarbeiten. Die Knochen aus den Tauben lösen und sie nochmals 10 Minuten im Ofen bräunen. Mit etwas Wasser ablöschen, dann den Bratensatz mit einem Spatel vom Boden der Form abkratzen. Den Jus durch ein Spitzsieb in einen kleinen Topf gießen und auf die Hälfte einkochen. Das restliche Sonnenblumenöl, Essig und Senf mit dem Schneebesen unterziehen.
Den gemischten Salat mit der lauwarmen Vinaigrette anmachen. Schnittlauch und das Taubenfleisch zugeben und vermischen. Auf einer großen Platte anrichten und sofort servieren.

## FRITTIERTER KÜRBIS, SENFSAUCE [4]

**Für 4 Personen**
Zubereitungszeit: 15 Minuten | Kochen: 15 Minuten

**Zutaten**
*600 g Riesenkürbis, geschält und entkernt \ 1 Frittierbad \ 3 EL körniger Senf \ 1 EL Crème fraîche \ Fleur de Sel, Pfeffer aus der Mühle*

**Zubereitung**
Das Kürbisfleisch wie für Pommes frites zurechtschneiden und in einem Küchentuch trocknen.
Das Frittieröl erhitzen und die Kürbisstücke 5 Minuten frittieren. Abtropfen und abkühlen lassen.
In der Zwischenzeit Senf und Crème fraîche verrühren und kühl stellen. 10 Minuten vor der Servieren die Kürbisstücke wieder in das heiße Frittieröl tauchen, damit sie goldbraun werden. Abtropfen lassen, salzen und in die Senfsauce dippen. Dazu passt gegrilltes Fleisch.

1

3

2

4

# ROTKOHL MIT ÄPFELN, IM BACKOFEN GESCHMORT

**Für 4 Personen**
Zubereitungszeit: 25 Minuten
Kochen/Backen: 1 Stunde 10 Minuten

### Zutaten
*1 kleiner Rotkohl*
*4 Äpfel*
*80 g Butter*
*2 EL Pistazienöl*
*Salz, Pfeffer aus der Mühle*

### Zubereitung
Den Backofen auf 180 °C vorheizen.
Den Strunk des Rotkohls abschneiden, dabei aber darauf achten, dass sich die Blätter nicht ablösen. In 6 Stücke schneiden. 10 Minuten in Salzwasser kochen und abgießen. Die Äpfel in große Stücke schneiden; kleine Äpfel können unzerteilt verwendet werden.
Die Rotkohlstücke in eine ofenfeste Form legen, die in Stücke geschnittene Butter zugeben und 35 Minuten im Backofen garen. Dabei von Zeit zu Zeit mit der Butter begießen. Dann die ganzen Äpfel oder die Apfelstücke zugeben und nochmals 25 Minuten im 180 °C heißen Backofen garen. Mit Salz und Pfeffer abschmecken, wenn der Kohl gar ist und die Äpfel weich sind. Rotkohl mit Äpfeln passt hervorragend zu Wildfleisch.

# MILCHLINGE IN ESSIG, THYMIAN UND LORBEER

**Für 4 Personen**
Zubereitungszeit: 25 Minuten
Kochen: 35 Minuten

### Zutaten
*10 kleine rosa Knoblauchzehen*
*4 Stängel frischer Thymian*
*3 Lorbeerblätter*
*500 g Milchlinge (oder Steinpilze)*
*7 EL Olivenöl*
*50 ml Weinessig*
*Salz, Pfeffer aus der Mühle*

### Zubereitung
Die Knoblauchzehen in der Schale zerdrücken. Thymian und Lorbeer waschen und trocknen. Die Pilze waschen und trocknen, die größeren halbieren. 5 Esslöffel Öl in einer großen Pfanne erhitzen. Die Pilze mit den Knoblauchzehen im heißen Öl einige Minuten anbräunen, dann die Temperatur zurückschalten. Salzen, pfeffern, Thymian und Lorbeer zugeben und 25 Minuten auf kleiner Hitze kochen. In die Knoblauchzehen einstechen: Wenn sie gar sind, alles mit dem Weinessig ablöschen. Unter ständigem Rühren einige Minuten einkochen lassen. Von der Platte nehmen, das restliche Öl zugeben, salzen und pfeffern. Die Milchlinge können lauwarm oder kalt, als Vorspeise oder als Beilage zu Geflügelfleisch gegessen werden.
Ideal ist es, dieses Gericht am Tag seiner Zubereitung zu essen und es nicht in den Kühlschrank zu stellen.

Rotkohl mit Äpfeln, im Backofen geschmort

Milchlinge in Essig, Thymian und Lorbeer | ↑ | | | ↓ | Riesenkürbis, in Haselnussöl gebraten

# RIESENKÜRBIS, IN HASELNUSSÖL GEBRATEN

**Für 4 Personen**
Zubereitungszeit: 10 Minuten
Braten: 35 Minuten

**Zutaten**
*1 kleiner Riesenkürbis*
*100 g kalte Butter*
*3 EL Haselnussöl*
*Salz, Pfeffer aus der Mühle*

**Zubereitung**
Den Backofen auf 180 °C vorheizen.
Den Kürbis in dicke Scheiben schneiden und in eine ofenfeste Auflaufform legen. Mit Butterstückchen bestreuen, mit Haselnussöl beträufeln, salzen und pfeffern. 35 Minuten im Backofen garen, dabei gelegentlich mit der Garflüssigkeit übergießen. Sobald die Kürbisstücke gar und weich sind, nochmals mit etwas Garflüssigkeit übergießen und sofort als Beilage zu einem gebratenen Perlhuhn servieren.

# RIGATONI MIT ROMANESCO, RADICCHIO UND WALNÜSSEN

**Für 4 Personen**
Zubereitungszeit: 30 Minuten
Kochen: 30 Minuten

**Zutaten**
*1 Romanesco*
*1 kleiner Radicchio*
*15 Walnusskerne*
*2 Knoblauchzehen*
*300 g Rigatoni*
*6 EL Olivenöl*
*100 g Parmesan, frisch gerieben*
*Salz, Pfeffer aus der Mühle*

**Zubereitung**
Den Romanesco in kleine Stücke schneiden und 15 Minuten in Salzwasser kochen. Die Radicchioblätter ablösen, waschen und grob zerkleinern. Die Walnusskerne grob hacken, die Knoblauchzehen schälen und pressen. Die Rigatoni in reichlich sprudelndem Salzwasser al dente kochen und abgießen. 4 Esslöffel des Kochwassers zurückbehalten.
10 Minuten vor dem Servieren das Olivenöl in einer großen Pfanne erhitzen, Knoblauch, Radicchio und Romanesco zugeben. Einige Minuten braten, dann die Rigatoni und das Kochwasser in die Pfanne geben. Salzen, pfeffern und noch 3 Minuten unter ständigem Rühren erhitzen. Die gehackten Walnüsse zugeben, unterrühren und die Pfanne von der Platte nehmen.
Die Rigatoni in tiefen Tellern anrichten, großzügig mit Parmesan bestreuen und sofort genießen.

Rigatoni mit Romanesco, Radicchio und Walnüssen

# WEISSKOHL „TANDOORI" MIT BRUNNENKRESSE

**Für 4 Personen**
Zubereitungszeit: 30 Minuten
Backen: 2 Stunden

**Zutaten**
*1 Weißkohl*
*1 EL Currypulver*
*1 EL Tandoori-Gewürzmischung*
*6 EL Sonnenblumenöl*
*1 Bund Brunnenkresse*
*4 EL Olivenöl extra vergine*
*Salz, Pfeffer aus der Mühle*

**Zubereitung**
Den Backofen auf 170 °C vorheizen.
Den Weißkohl in 8 Stücke schneiden und in eine große ofenfeste Form legen. Mit Curry und Tandoori-Gewürzmischung bestreuen, salzen, pfeffern und mit Sonnenblumenöl beträufeln. 2 Stunden im Backofen garen, dabei gelegentlich mit der Garflüssigkeit übergießen.
In der Zwischenzeit die Kresseblättchen abzupfen, waschen und trockenschleudern. Den fertig gegarten Weißkohl lauwarm abkühlen lassen. Die Kohlstücke auf den Tellern verteilen, die Kresseblättchen zugeben, mit Kochflüssigkeit übergießen und mit Olivenöl beträufeln.
Lauwarm als leichtes Hauptgericht essen, oder als Beilage zu einem Brathähnchen, wenn die Mahlzeit etwas reichhaltiger sein soll.

# PFIFFERLINGE IN KRÄUTERBRÜHE

**Für 4 Personen**
Zubereitungszeit: 20 Minuten
Kochen: 20 Minuten

**Zutaten**
*500 g Pfifferlinge*
*1 Bund Schnittlauch*
*2 Schalotten*
*50 g Butter*
*1 l Geflügelbrühe (oder der Rest einer Pot-au-feu-Brühe)*
*Salz, Pfeffer aus der Mühle*

**Zubereitung**
Die Pfifferlinge gründlich putzen. Den Schnittlauch waschen und fein schneiden. Die Schalotten schälen und fein hacken.
Die Butter in einer kleinen Pfanne schmelzen, die Schalotten zugeben und 5 Minuten unter ständigem Rühren in der schäumenden Butter anschwitzen. Die Pfifferlinge zugeben und ebenfalls 5 Minuten anschwitzen. Die Geflügelbrühe zugießen. Zum Kochen bringen, dann die Temperatur zurückschalten und 5 Minuten köcheln.
Den Schnittlauch in die Brühe geben, mit Salz und Pfeffer abschmecken.
In tiefe Suppenschalen füllen und heiß servieren.

Weißkohl „Tandoori" mit Brunnenkresse

Pfifferlinge in Kräuterbrühe | ↑ | | | ↓ | Hokkaido-Cremesuppe mit altem Comté

# HOKKAIDO-CREMESUPPE MIT ALTEM COMTÉ

**Für 4 Personen**
Zubereitungszeit: 45 Minuten
Kochen: 1 Stunde

### Zutaten
*6 oder 7 kleine Hokkaidokürbisse*
*100 g Crème fraîche*
*200 g alter Comté, gerieben*
*Muskatnuss, frisch gerieben*
*Salz, Pfeffer aus der Mühle*

### Zubereitung
Den Backofen auf 170 °C vorheizen.
Die Hokkaidokürbisse unter heißem Wasser waschen und abbürsten. Von 4 Kürbissen einen Deckel abschneiden. Das Fruchtfleisch dieser Kürbisse mit einem kleinen Löffel vorsichtig aushöhlen und beiseitestellen. Die anderen Kürbisse mit der Haut in große Würfel schneiden und die Kerne entfernen. Die Kürbiswürfel und das Fruchtfleisch aus den ausgehöhlten Kürbissen in 50 Milliliter Wasser zusammen mit der Crème fraîche in einem großen Topf kochen.
Die weich gekochten Kürbisstücke pürieren, salzen, pfeffern und mit Muskatnuss würzen.
Die ausgehöhlten Kürbisse in eine große Form setzen, mit Suppe füllen, mit Käse bestreuen und 25 Minuten im Backofen garen. Aus dem Backofen nehmen, wenn der Käse gut überbacken ist.
Die Kürbissuppe in tiefen Tellern anrichten. Suppe und Fruchtfleisch heiß servieren.

# ROSENKOHL MIT FLEISCHKLÖSSCHEN

**Für 4 Personen**
Zubereitungszeit: 35 Minuten
Braten/Backen: 35 Minuten

### Zutaten
*300 g Wurstbrät*
*200 g Kalbfleischbrät (bitten Sie Ihren Metzger, das für Sie zuzubereiten)*
*600 g Rosenkohl*
*600 g Naturjoghurt*
*2 EL Kurkuma*
*4 EL Olivenöl*
*1 EL getrockneter Oregano*
*Salz, Pfeffer aus der Mühle*

### Zubereitung
Den Backofen auf 180 °C vorheizen.
Die beiden Brätsorten salzen, pfeffern und mit dem Händen gut vermischen. Fleischklößchen in der Größe der Rosenkohlröschen formen und kühl stellen.
Den Strunk des Rosenkohls abschneiden und die äußeren Blättchen entfernen. 20 Minuten in Salzwasser kochen, abgießen und beiseitestellen.
Den Naturjoghurt in einer Schüssel mit Kurkuma verrühren, salzen, pfeffern und beiseitestellen.
Das Olivenöl in einer großen Pfanne erhitzen. Die Fleischklößchen im heißen Öl anbraten, dann den Rosenkohl zugeben und ebenfalls einige Minuten unter Rühren anbraten.
Den Joghurt in eine Steingutform gießen und mit dem Schneebesen aufschlagen. Fleischbällchen und Rosenkohl einfüllen, mit Oregano bestreuen und 10 Minuten im Backofen garen.
Heiß, zusammen mit Kartoffelpüree servieren.

# GEFÜLLTER PATIDOU

**Für 6 Personen**
Zubereitungszeit: 40 Minuten
Backen: 1 Stunde

## Zutaten

*200 g entsteinte Backpflaumen*
*600 g Kalbfleischbrät*
*4 EL Armagnac oder Cognac*
*1 Ei*
*6 mittelgroße oder 12 kleine Patidou*
*(Sweet Dumpling-Kürbis)*
*2 EL Haselnussöl*
*100 g Butter*
*Salz, Pfeffer aus der Mühle*

## Zubereitung

Die Backpflaumen zerkleinern und mit Kalbfleischbrät, Armagnac (oder Cognac) und dem verquirlten Ei vermischen. Salzen, pfeffern und mit den Händen alle Zutaten gut miteinander verkneten.
Den Backofen auf 170 °C vorheizen. Von den Kürbissen einen Deckel abschneiden, die Deckel beiseitelegen und die Kürbisse mit einem kleinen Löffel aushöhlen. Mit der Farce füllen, gut andrücken und in eine große Auflaufform setzen. Mit Haselnussöl beträufeln, mit Butterflöckchen bestreuen, salzen, pfeffern und die Deckel aufsetzen.
30 Minuten im 170 °C heißen Backofen garen, dann die Temperatur auf 160 °C einstellen und weitere 30 Minuten garen. Mit einer Messerspitze in die Kürbisse einstechen, um den Garzustand zu überprüfen. Zu diesen gefüllten Kürbissen passen in der Pfanne gebratene Esskastanien oder ein Selleriepüree.

# RETTICHCHIPS MIT FLEUR DE SEL UND CURRY

**Für 4 Personen**
Zubereitungszeit: 15 Minuten
Kochen: 15 Minuten

## Zutaten

*1 kleiner schwarzer Rettich*
*1 Frittierbad*
*1 TL Currypulver*
*1 TL feines Salz*

## Zubereitung

Den Rettich schälen und mit dem Gemüsehobel in sehr feine Scheiben hobeln. In einem Küchentuch trocknen. Das Frittierbad erhitzen. Die Rettichscheiben im heißen Öl frittieren und mit einem Schaumlöffel vorsichtig bewegen, damit sie leicht goldbraun werden. Salz und Currypulver vermischen und die Rettichscheiben damit würzen.
Die Rettich-Chips schmecken zum Aperitif oder als Beilage zu einem Brathähnchen.

# BRATHÄHNCHEN

*Rechte Seite: Rettichchips mit Fleur de Sel und Curry*

Viertes Kapitel

# WINTER

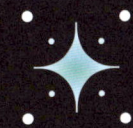

| | | |
|---|---|---|
| Mangold | Feldsalat | Steckrübe |
| Karden | Goldball-Rübchen | Eskariol |
| Wirsing | Weißkohl | Grünkohl |
| Löwenzahn | Pastinake | Schwarzwurzeln |
| Knollensellerie | Süßkartoffel | Topinambur |
| Endivie | Knollenziest | Karotte |
| Friséesalat | Lauch | Kartoffel |

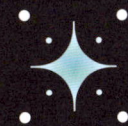

# WINTER IN GRÜN

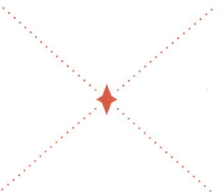

Für die Gemüseküche ist der Winter die Jahreszeit der schmackhaften Gemüsesuppen. Wenn Sie sich in den Kopf setzen, im Januar Tomaten, Auberginen und grüne Bohnen zu essen, dann werden Sie enttäuscht sein. Übrigens passiert es recht oft, dass man so die Lust auf Gemüse verliert: Man isst fade Produkte, die gerade keine Saison haben. Aber haben Sie wirklich Lust auf Tomatensalat, wenn es draußen kalt ist? Zu dieser Jahreszeit brauchen wir Gerichte, die uns aufwärmen, die den Körper stärken.

Auch dem Gemüse ist im Winter kalt; es wächst daher lieber unter der Erde. Jetzt ist die große Zeit der Wurzelgemüse: dicke Karotten, Pastinaken, Knollenziest, Steckrüben, große Kartoffeln, aber auch Schwarzwurzeln. Ja, Schwarzwurzeln! Man denkt selten an Schwarzwurzeln, denn ihre Zubereitung ist etwas mühsam: Beim Schälen können sich die Finger verfärben. Aber beim Gemüse gibt es keine Probleme, nur Lösungen! Man kauft die Schwarzwurzeln in der Dose, oder wenn man ein Purist ist, dann zieht man zum Schälen Küchenhandschuhe an, und alles ist in Ordnung. Wir verzichten nicht aus schlechten Gründen auf gute Dinge …

Manche Gemüse wagen sich durchaus ins Freie, zum Beispiel Kohl, Lauch, Mangold. Bei den Salaten gibt es Endivie, Friséesalat und Chicorée, auch Löwenzahn und Feldsalat haben Saison. Chicorée wird in Frankreich roh oder gekocht gegessen, im Gegensatz zu den anderen Salaten. Unsere italienischen Nachbarn hingegen kochen viele Salate und essen sie mit ein bisschen Olivenöl und Essig. Eine gute Idee für eine Vorspeise oder eine außergewöhnliche Beilage.

Manche Wintergemüse gibt es auch noch im Frühjahr, wie Lauch, Kartoffeln, Karotten, Rüben … Die Gemüsesorten, die in der kalten Jahreszeit gegessen werden, werden größer geerntet. Ihr Geschmack ist anders, ebenso ihre Textur. Man muss also die Rezepte anpassen. Die dicken Karotten werden lange als Ragout gekocht, zusammen mit Fleisch. Oder man verarbeitet sie zu Püree oder Auflauf. Man sucht bei diesen dicken Karotten weder die Taufrische noch den knackigen Biss, wie man sie bei einer Frühjahrskarotte erwartet. In den Winterrezepten wird das Gemüse lange gekocht, die Gerichte werden gern auch noch einmal aufgewärmt.

Im Winter gibt es viele verschiedene Gemüse, obwohl man das meist gar nicht denkt. Um also gut durch den Winter zu kommen, sollten Sie all das grüne Gemüse, das gerade Saison hat, genießen.

*Rechte Seite:* Kohl aus Pontoise

## CHICORÉE AUS BODENKULTUR

*Nicht nur Tomaten trotzen den Jahreszeiten. Auch Chicorée findet man in den Supermarktregalen das ganze Jahr über. Aber guter, schmackhafter Chicorée kann eigentlich nicht im Sommer gedeihen.*

*90 Prozent der französischen Chicoréeproduktion wird heute in Hydrokultur erzeugt, das heißt, die Chicoréepflanzen werden außerhalb des Bodens in Treibkisten gezüchtet. Sie kommen niemals mit Erde in Berührung. Diese Produktionsweise gibt es seit den 1980er Jahren. Von den 480 Chicoréeproduzenten in Frankreich produzieren nur 160 das Gemüse in Bodenkultur.*

*Von April bis September wird im freien Feld ausgesät, einige Wochen später sprießen die Wurzeln. Diese werden geerntet und in Lochkisten gesetzt, damit die Wurzeln in der Erde wachsen und ihre Nährstoffe aus dem Boden ziehen können. Die Kisten werden direkt in die Erde gestellt, die beheizt wird. Die Chicorées werden mit einer Plane abgedeckt, die sie vor Lichteinstrahlung schützt, damit sie nicht grün werden. In diesen Kisten bleiben sie ungefähr 4 Wochen. Anschließend werden sie gebrochen, das heißt, sie werden von der Wurzel getrennt.*

*Ein schöner Chicorée ist an der Basis ganz weiß, seine Spitze ist hellgrün. Chicorée wird von Mitte Oktober bis April gegessen. Chicorée aus Bodenkultur schmeckt köstlich!*

---

## WUSSTEN SIE DAS?

Frankreich ist der weltgrößte Chicoréeproduzent. 93 Prozent der Produktion konzentrieren sich in den nördlichen Regionen Nord-Pas-de-Calais und Picardie. Roter Chicorée und Carmine, eine Kreuzung aus rotem Chicorée und Radicchio, stellen nur einen Bruchteil der Produktion dar.

# KARDEN, EIN VERGESSENES GEMÜSE?

Karden sind ein fast vergessenes Gemüse – aber nicht ganz. Der Kardenauflauf mit Knochenmark ist eine Spezialität der Bouchons, der typischen Restaurants in Lyon. Er wird gerne am Vorabend vor Festtagen zubereitet. Zwar werden Karden in der ganzen Region Rhône-Alpes angepflanzt, ihre Hauptstadt ist jedoch Vaulx-en-Velin. Jedes Jahr am 8. Dezember findet dort das Kardenfest statt. Sie werden in der Dauphiné, einer Landschaft im Südosten Frankreichs zwischen Rhônetal und italienischer Grenze angebaut. In Frankreich gibt es mehrere Kardenvarietäten. Die grünen Karden sind die verbreitetsten. Sie gelten als die feinsten.

Ursprünglich stammen die Karden aus Nordafrika. Im Gemüsegarten unterscheiden sie sich von den anderen Gemüsen durch ihre Anbaumethode. Die Stangen müssen vor der Ernte gebleicht werden. Dazu werden die Stiele mit Papier umwickelt und zusammengebunden, um sie vor Licht zu schützen. Auf diese Weise verlieren die Stiele ihre Bitterkeit. Die Karden gehören zur Familie der Artischocken, ihr Aussehen erinnert aber eher an Staudensellerie.

Die Zubereitung der Karden dauert recht lange. Das erklärt vielleicht auch, warum sie im Laufe der Jahre immer mehr an Beliebtheit einbüßten. Zum Kochen muss man zunächst die ungenießbaren faserigen Teile und die Blätter entfernen. Dann müssen die Stiele mit Wasser überbrüht werden, bevor sie anschließend zu einem Auflauf oder einer Suppe verarbeitet werden können.

# KNOLLENSELLERIE

Rund, weiß wie Schnee, aromatisch, ein Sellerie auf dem Teller ist voller Versprechen!

Knollensellerie ist eine Gemüsepflanze, die (trotz des Namens) ihrer Wurzel wegen angebaut wird. Wenn Sie Kohlrabi, Knollensellerie oder Rote Bete hören, dann wissen Sie, dass dieses Gemüse unter der Erde wächst, im Gegensatz zum Staudensellerie, dessen essbarer Teil über der Erde wächst. Aber Vorsicht: Der Staudensellerie ist nicht etwa der sichtbare Teil des Knollenselleries, Staudensellerie und Knollensellerie sind zwei unterschiedliche Varietäten. Auch Kohlrabi und Roten Bete gehören nicht derselben Familie an. Karotte, Petersilie, Dill und Koriander dagegen gehören alle zur selben Familie, der Familie der Doldenblütler oder Apiaceae. Diese Familie umfasst ungefähr 400 Gattungen, ist in Fachbüchern nachzulesen.

Sicherlich, auf dem Teller interessiert die Zugehörigkeit zu einer botanischen Familie nicht so sehr. Aber ein bisschen Hintergrundwissen schadet nicht. Klassischerweise wird Knollensellerie roh gegessen, gerieben wie eine Karotte. Er gehört zur selben Familie wie die Petersilie und der Gefleckte Schierling. Wir erinnern uns, was mit Sokrates geschah, als er den Schierlingsbecher trank! Aber keine Sorge: Im Knollensellerie ist kein Gift enthalten. In Frankreich schätzt man ihn mit einer Remouladensauce, eine typisch französische Zubereitung und aus den Bistros nicht wegzudenken. Bestimmt haben Sie auch schon Selleriepüree gegessen, es gehört unbedingt zu Wild. Das trifft sich gut, beide haben zur gleichen Zeit Saison, im Herbst und im Winter.

Püree, Salat, Auflauf: Schön und gut, aber das kannten Sie schon alles. Was Sie vielleicht nicht wussten, ist, dass Knollensellerie neben seinem hervorragenden Geschmack auch sehr gut für die Gesundheit ist (siehe Seite 48).

Geschmack, Qualität und Nährwert des Gemüses hängen von der Bodenqualität ab.

1: Mangold    2: Löwenzahn    3: Chicorée    4: Goldball-Rübchen

1: Kartoffel „Vitelotte"  2: Schwarzwurzel  3: Topinambur

4: Lagerkartoffeln   5: Pastinaken   6: Petersilienwurzel   7: Roter Topinambur   8: Knollenziest   9: Kerbelrübe (Knollenkerbel)

1: Wirsing   2: Süßkartoffel   3: Pontoise-Kohl

4: Dicke rote Radieschen   5: Karotte   6: Karden   7: Knollensellerie   8: Steckrübe

# GEFÜLLTER WIRSING

**Für 4 bis 6 Personen**
Zubereitungszeit: 45 Minuten
Kochen: 2 Stunden

**Zutaten**

*Für den Kohl*
*800 g Wurstbrät*
*200 g Crème fraîche*
*2 Eier*
*1 EL getrockneter Estragon*
*1 Wirsing*
*4 l Geflügelbrühe*
*Salz, Pfeffer aus der Mühle*

*Für die Sauce*
*100 g Butter*
*Salz, Pfeffer aus der Mühle*
*Saft von 2 Zitronen*

**Zubereitung**
Das Wurstbrät mit Crème fraîche vermischen, die Eier nacheinander zugeben, dann den Estragon. Salzen, pfeffern und mit der Hand zu einer homogenen Farce vermengen. Den Strunk des Wirsings abschneiden, ohne dass sich die Blätter ablösen.
Die Blätter auseinanderdrücken und mit viel Wasser waschen. Das Herzstück herausnehmen, waschen, hacken und mit der Farce vermischen. Die Hälfte der Farce in die Mitte des Wirsings geben. Den Wirsing wieder zusammendrücken, dabei die Farce zwischen den Blättern verteilen. Den Wirsing in ein Küchentuch wickeln. Mit Küchengarn festbinden und 2 Stunden in der Brühe leicht köcheln lassen.
Wenn der Topf tief und nicht sehr breit ist, kann man den Wirsing an einem Kochlöffel aufhängen, damit er nicht zerdrückt wird.
*Für die Sauce* die Butter in einem kleinen Topf mit Zitronensaft aufschlagen; sie darf dabei nicht kochen. Salzen, pfeffern und warm stellen.
Den Wirsing abgießen, in dicke Scheiben schneiden und warm, zusammen mit der Sauce servieren.

*Der gefüllte Wirsing wird fettärmer, wenn die Farce anstelle von Wurstbrät aus einer Mischung von zerkleinertem Hähnchenbrustfilet und Karottenpüree zubereitet wird.*

# PASTINAKEN-MOUSSELINE MIT THYMIAN UND SPECK

**Für 4 Personen**
Zubereitungszeit: 25 Minuten
Kochen: 55 Minuten

**Zutaten**
*8 dünne Scheiben Speck oder Bacon*
*1 kg große Pastinaken*
*200 g Crème fraîche*
*250 ml Milch*
*5 Stängel frischer Thymian*
*80 g Butter*
*Salz, Pfeffer aus der Mühle*

**Zubereitung**
Den Backofen auf 170 °C vorheizen.
Die Speckscheiben ohne Zugabe von Fett in eine große ofenfeste Form legen und 5 Minuten im Ofen braten. Die Scheiben sollen goldbraun sein. Die Pastinaken schälen und in Salzwasser kochen.
In der Zwischenzeit die Crème fraîche in einem Topf mit der Milch verrühren. Thymian und Speck zugeben, aufkochen, den Topf von der Platte nehmen und 30 Minuten bei Raumtemperatur ziehen lassen. Thymian und Speckscheiben herausnehmen. Den Garzustand der Pastinaken überprüfen: Beim Einstechen mit einer Messerspitze müssen sie sehr weich sein. Abgießen und dann nochmals 25 Minuten auf sehr kleiner Hitze in der Milch kochen. Die Pastinaken durch die Gemüsemühle drehen oder durch ein Sieb streichen, Butter zugeben, mit Salz und Pfeffer abschmecken.
Warm, zusammen mit den ganzen oder in Stücke geschnittenen Speckscheiben, oder als Beilage zu einem Kalbsbraten servieren.

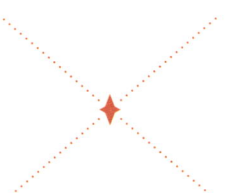

*Dieses Rezept kann auch mit geräuchertem Schellfisch zubereitet werden, er wird dann neben der Pastinaken-Mousseline angerichtet.*

# WIRSING MIT PERLHUHN

**Für 4 Personen**
Zubereitungszeit: 20 Minuten
Schmoren: 2 Stunden 10 Minuten

**Zutaten**
*1 Wirsing oder 1 Pontoise-Kohl*
*2 große Zwiebeln*
*4 EL Erdnussöl*
*1 Perlhuhn, in Stücke geschnitten*
*1 EL Senf*
*2 Stängel Thymian*
*2 Lorbeerblätter*
*Salz, Pfeffer aus der Mühle*

**Zubereitung**
Den Wirsing abblättern, die harten Teile wegschneiden und das Herzstück in 4 Stücke schneiden. Die Zwiebeln schälen und fein schneiden. Das Öl in einem großen Schmortopf erhitzen, die Zwiebeln im rauchenden Öl 10 Minuten anbraten, dabei umrühren. Die Temperatur zurückschalten und einige Wirsingblätter in den Topf legen. Die Perlhuhnstücke mit Senf bestreichen und in den Schmortopf geben. Die Herzstücke des Wirsings zugeben, salzen und pfeffern. Thymian und Lorbeerblätter auf das Fleisch legen, mit den restlichen Wirsingblättern abdecken, salzen und pfeffern.
1 Glas Wasser zugeben und 2 Stunden zugedeckt auf kleiner Hitze schmoren lassen.
Den Garzustand von Perlhuhn und Wirsing mit einer Messerspitze überprüfen. Wenn beides gar ist, den Schmortopf auf den Tisch stellen und servieren.

# SELLERIE-APFEL-AUFLAUF MIT PARMESAN

**Für 4 Personen**
Zubereitungszeit: 25 Minuten
Kochen: 45 Minuten

**Zutaten**
*1 Knollensellerie*
*3 grüne Äpfel*
*2 EL Sahne*
*100 g frischer Parmesan*
*50 g Butter*
*Salz, Pfeffer aus der Mühle*

**Zubereitung**
Den Backofen auf 170 °C vorheizen.
Den Sellerie und die Äpfel schälen und in feine Scheiben schneiden. Sellerie- und Apfelscheiben abwechselnd in eine gut gebutterte Auflaufform schichten. Salzen, pfeffern und mit Sahne übergießen. Mit geriebenem Parmesan bestreuen und 45 Minuten im Backofen garen.
Sobald der Auflauf schön braun und der Sellerie gar ist, aus dem Backofen nehmen und warm, als Beilage zu einer Rehkeule oder einem gebratenen Fasan servieren.

Friséesalat mit Rillons und wachsweichem Ei

# FRISÉESALAT MIT RILLONS UND WACHSWEICHEM EI

**Für 4 Personen**
Zubereitungszeit: 15 Minuten
Kochen: 20 Minuten

**Zutaten**
*4 EL Sonnenblumenöl*
*1 EL Weinessig*
*1 EL scharfer Senf*
*1 Friséesalat*
*3 große Rillons (Schweinefleisch-Spezialität aus der Touraine)*
*4 dicke Scheiben Stangenbrot*
*Butter zum Bestreichen*
*4 Eier*
*1 Bund Schnittlauch*
*Fleur de Sel, Pfeffer aus der Mühle*

**Zubereitung**
Den Backofen auf 170 °C vorheizen.
Sonnenblumenöl in einer kleinen Schüssel mit dem Schneebesen mit Essig und Salz aufschlagen. Salzen, pfeffern und beiseitestellen.
Den Salat waschen und trocken schleudern. Die großen Blätter in 2 oder 3 Stücke schneiden. Die Rillons 15 Minuten im Backofen aufwärmen. Die Brotscheiben mit Butter bestreichen und beiseitestellen.
10 Minuten vor dem Servieren die Eier für 5 bis 6 Minuten in einen Topf mit kochendem Wasser geben. Abgießen, abschrecken und vorsichtig schälen. Die Brotscheiben im Backofen goldbraun rösten.
Den Salat mit der Vinaigrette anmachen und auf einer großen Platte anrichten. Das heiße, in Stücke geschnittene Brot, den Schnittlauch, die in Scheiben geschnittenen Rillons sowie die vorsichtig halbierten Eier (das Eigelb muss noch flüssig sein) zugeben. Salzen und pfeffern.
Sofort servieren.

# KNOLLENZIESTPFANNE MIT HASELNÜSSEN

**Für 4 Personen**
Zubereitungszeit: 25 Minuten
Braten: 35 Minuten

**Zutaten**
*400 g Knollenziest, küchenfertig*
*4 Schalotten*
*2 EL Mehl*
*1 Frittierbad*
*50 g Butter*
*2 EL Haselnussöl*
*50 g Haselnüsse, grob gehackt*
*1 Bund Schnittlauch*
*Salz, Pfeffer aus der Mühle*

**Zubereitung**
Den Knollenziest 10 Minuten in Salzwasser kochen und abgießen.
Die Schalotten schälen und fein schneiden. In Mehl wenden und einige Minuten im heißen Frittieröl frittieren. Sobald sie knusprig sind, mit dem Schaumlöffel herausnehmen, abtropfen lassen und warm stellen.
Die Butter in einer kleinen Pfanne schmelzen. Den Knollenziest in der schäumenden Butter anbraten und 10 Minuten auf kleiner Hitze kochen lassen, dabei umrühren.
Salzen, pfeffern, das Haselnussöl und die Haselnüsse zugeben. Nochmals 15 Minuten erhitzen, dabei gut umrühren, damit alles gut angebräunt wird. Den gewaschenen, fein geschnittenen Schnittlauch zugeben.
Den Knollenziest auf einer Platte anrichten, mit den knusprigen Schalotten bestreuen. Sofort servieren, entweder als Vorspeise, zusammen mit einem Salat, oder als Beilage zu Geflügel.

Knollenziestpfanne mit Haselnüssen

# GROSSE LAUWARME LAUCHSTANGEN, SAUCE GRIBICHE [1]

**Für 4 Personen**
Zubereitungszeit: 30 Minuten | Kochen: 25 Minuten

**Zutaten**
2 große Lauchstangen \ 4 Stängel glatte Petersilie \ 4 Stängel Estragon \ 5 Gewürzgürkchen (Cornichons) \ 1 Bund Schnittlauch \ 1 EL kleine Kapern \ 3 kleine Schalotten \ 2 hartgekochte Eier \ 100 ml Olivenöl \ 2 EL Weinessig \ Salz, Pfeffer aus der Mühle

**Zubereitung**
Die Lauchstangen in Stücke schneiden, unter kaltem Wasser abwaschen und 25 Minuten in Salzwasser garen. In der Zwischenzeit die Petersilien- und Estragonblättchen abzupfen und grob hacken. Die Gürkchen hacken, den Schnittlauch waschen und schneiden. In einer Schüssel Kapern, Gürkchen, alle Kräuter, Schalotten und die zerdrückten hartgekochten Eier vermischen. Olivenöl und Weinessig zufügen. Salzen, pfeffern, vermischen und bei Raumtemperatur marinieren lassen. Die Lauchstangen abgießen, wenn sie gegart sind, dann der Länge nach durchschneiden. Auf den Tellern anrichten, mit Sauce Gribiche überziehen und mit geröstetem Brot servieren.

# CHICORÉE IM SCHINKENMANTEL [2]

**Für 4 Personen**
Zubereitungszeit: 25 Minuten | Backen: 20 Minuten

**Zutaten**
4 Chicorée \ 8 dünne Scheiben roher Schinken \ 50 g Butter \ 100 g geriebener Käse \ 2 EL Walnussöl \ Salz, Pfeffer aus der Mühle

**Zubereitung**
Den Backofen auf 180 °C vorheizen. Die Chicorée der Länge nach halbieren und jede Hälfte mit einer Scheibe rohem Schinken umwickeln. Die Chicoréehälften in eine Auflaufform legen, auf jede 1 Stück Butter legen, salzen, pfeffern und mit geriebenem Käse bestreuen. 20 Minuten im Backofen garen. Den Chicorée aus dem Backofen holen, sobald er gut überbacken ist. Mit etwas Walnussöl beträufeln und warm, als Hauptgericht, servieren.

# POT-AU-FEU MIT VERGESSENEN GEMÜSEN [3]

**Für 4 Personen**
Zubereitungszeit: 20 Minuten | Kochen: 2 Stunden

**Zutaten**
4 Goldball-Rübchen \ 1 Süßkartoffel \ 4 Topinambur \ 4 Petersilienwurzeln \ 1 gelbe und 1 violette Karotte \ 4 Steckrüben \ 4 Kartoffeln (Vitelotte oder andere) \ 1 kleiner Kopf Wirsing \ 1 Morteau-Wurst \ 2 kleine Montbeliard-Würstchen \ 1 Bouquet garni \ 1,5 l Geflügelbrühe \ Salz, Pfeffer aus der Mühle

**Zubereitung**
Alle Gemüse schälen, den Kohl in Stücke schneiden. Würstchen, Karotten, Rübchen und das Bouquet garni in einen großen Schmortopf geben. Mit der Geflügelbrühe aufgießen und 1 Stunde auf kleiner Hitze kochen. Den Kohl zugeben und weitere 30 Minuten kochen. Das restliche Gemüse zugeben und 20 Minuten kochen. Wenn das Gemüse gar ist, den Pot-au-feu mit Salz und Pfeffer abschmecken. Die Würste herausnehmen, abtropfen lassen und in große Stücke schneiden. Den Pot-au-feu in tiefen Tellern anrichten. Gewürzgürkchen und geröstete Brotscheiben dazu servieren.

# KARTOFFELAUFLAUF MIT SAHNE [4]

**Für 4 bis 6 Personen**
Zubereitungszeit: 30 Minuten | Backen: 45 Minuten

**Zutaten**
3 Knoblauchzehen \ 2 kg große Kartoffeln \ 500 ml Sahne \ Muskatnuss \ 2 EL Crème fraîche \ Salz, Pfeffer aus der Mühle

**Zubereitung**
Den Backofen auf 170 °C vorheizen. Die Knoblauchzehen schälen und in Scheiben schneiden. Die Kartoffeln schälen und mit dem Gemüsehobel in dünne Scheiben schneiden. Die Kartoffelscheiben nicht waschen, in eine große Auflaufform schichten. Mit der Sahne übergießen, mit den Knoblauchscheiben bestreuen, salzen, pfeffern und mit Muskatnuss bestreuen. Alles vermischen und fest andrücken. Den Auflauf mit Crème fraîche bestreichen, wieder salzen und pfeffern und 45 Minuten im Backofen garen. Den Auflauf aus dem Backofen nehmen, wenn die Oberfläche gut gebräunt ist und die Kartoffeln gar sind.

1

3

2

4

# KARDEN MIT KNOCHENMARK

**Für 4 Personen**
Zubereitungszeit: 25 Minuten
Kochen/Backen: 90 Minuten

### Zutaten
*1 Bund Karden*
*50 g Butter*
*50 g Mehl*
*500 ml Kalbsjus*
*200 g Knochenmark*
*200 g geriebener Käse*
*Salz, Pfeffer aus der Mühle*

### Zubereitung
Die Karden putzen, schälen und in gleich große Stücke schneiden. In einem großen Topf ungefähr 1 Stunde in Salzwasser kochen.
Den Backofen auf 180 °C vorheizen.
In der Zwischenzeit die Butter in einem Topf schmelzen lassen, das Mehl zugeben, mit einem Holzlöffel umrühren und anschwitzen. Den Topf von der Platte nehmen und abkühlen lassen.
Den Kalbsjus aufkochen und nach und nach unter Rühren über die Mehlschwitze gießen, bis eine dicke Sauce entstanden ist. Die Sauce einige Minuten kochen lassen, dabei ständig umrühren. Salzen, pfeffern und beiseitestellen.
Die Karden abgießen und in eine große Auflaufform geben. Mit Sauce überziehen, die Markstücke zugeben, mit Käse bestreuen und 25 Minuten im Backofen überbacken.
Heiß servieren. Dazu passt Friséesalat.

# LAUWARME LÖWENZAHN-TARTELETTES

**Für 4 Personen**
Zubereitungszeit: 25 Minuten
Backen: 35 Minuten

### Zutaten
*300 g fertiger salziger Mürbteig*
*4 EL Crème fraîche*
*4 EL Dijonsenf*
*500 g Löwenzahn*
*2 EL Himbeeressig*
*3 EL Olivenöl*
*Salz, Pfeffer aus der Mühle*

### Zubereitung
Den Backofen auf 170 °C vorheizen.
4 Tartelettes-Formen mit Backpapier belegen und mit Teig auskleiden.
Den Teig gut überhängen lassen und dann einschlagen, damit der Rand etwas dicker wird. Crème fraîche und Senf vermischen und auf den Böden verteilen. 35 Minuten im Backofen backen.
In der Zwischenzeit die Stiele des Löwenzahns entfernen, waschen und trocken schleudern. Die goldbraunen Tartelettes aus dem Ofen nehmen und etwas abkühlen lassen.
Den Löwenzahn mit Himbeeressig, Olivenöl, Salz und Pfeffer anmachen. Jedes Tartelette mit reichlich Löwenzahn belegen und andrücken.
Die Tartelettes können als Vorspeise oder als Beilage zu gegrilltem Fisch serviert werden.

Karden mit Knochenmark

Lauwarme Löwenzahn-Tartelettes | ← | | | ↓ | Rettich-Carpaccio mit Feldsalat auf Butterbrot

# RETTICH-CARPACCIO MIT FELDSALAT AUF BUTTERBROT

**Für 4 Personen**
Zubereitungszeit: 25 Minuten

**Zutaten**
*4 EL Sonnenblumenöl*
*1 EL Weinessig*
*1 EL scharfer Senf*
*4 große Scheiben Stangenbrot*
*200 g Feldsalat*
*1 großer roter Rettich (oder 1 schwarzer Rettich)*
*80 g Salzbutter*
*Fleur de Sel, Pfeffer aus der Mühle*

**Zubereitung**
Öl, Essig und Senf in einer kleinen Schüssel gut verrühren. Beiseitestellen.
Das Stangenbrot rösten. Den Feldsalat waschen und trocknen. Den Rettich schälen und mit einem Gemüsehobel (oder einem scharfen Messer) in dünne Scheiben schneiden.
Die Brotscheiben 5 Minuten vor dem Servieren großzügig mit Butter bestreichen. Rettichscheiben und Feldsalat vermischen und mit der Vinaigrette anmachen.
Die Brotscheiben damit belegen, salzen und pfeffern.
Sofort zum Aperitif genießen.

# WURZELGEMÜSE AUS DEM BACKOFEN MIT JOGHURTSAUCE

**Für 4 Personen**
Zubereitungszeit: 15 Minuten
Braten: 1 Stunde

**Zutaten**
*4 Petersilienwurzeln*
*10 kleine Kartoffeln „Vitelotte"*
*1 oder 2 Karotten*
*Je 2 farbige Karotten (violette und gelbe)*
*1 kleine Süßkartoffel*
*4 EL Olivenöl*
*5 Stängel glatte Petersilie*
*2 Stängel frische Minze*
*300 g Naturjoghurt*
*1 TL Senf*
*Salz, Pfeffer aus der Mühle*

**Zubereitung**
Den Backofen auf 180 °C vorheizen
Das Gemüse waschen und unter fließend kaltem Wasser abbürsten. Der Länge nach in Stücke schneiden. Eine große ofenfeste Form mit befeuchtetem Backpapier auslegen, das Gemüse hineingeben. Salzen, pfeffern und mit 2 Esslöffeln Olivenöl beträufeln. 1 Stunde im Ofen braten. Das Gemüse von Zeit zu Zeit mit der austretenden Flüssigkeit übergießen, damit es gut gart.
In der Zwischenzeit die Petersilie und die Minze abzupfen, waschen und hacken. Mit Joghurt, Senf und dem restlichen Olivenöl vermischen. Salzen, pfeffern und in eine kleine Schüssel füllen.
Das gebratene Gemüse auf einer Platte anrichten. Einfach mit dem Joghurt servieren oder als Beilage zu gebratenem Geflügel.

Wurzelgemüse aus dem Backofen mit Joghurtsauce

# FRITTIERTE SCHWARZWURZELN MIT AVOCADOCREME

**Für 4 Personen**
Zubereitungszeit: 30 Minuten plus 5 Minuten Ruhezeit
Kochen: 20 Minuten

**Zutaten**

*Für die Schwarzwurzeln*
10 große frische Schwarzwurzeln
150 g Mehl
150 ml Bier
2 Eier, getrennt
1 Frittierbad
Salz, Pfeffer aus der Mühle

*Für die Sauce*
2 Avocado
2 EL Olivenöl
Saft von 2 Zitronen
Salz, Pfeffer aus der Mühle

**Zubereitung**
Die Schwarzwurzeln schälen, halbieren und 10 Minuten dampfgaren. Sie müssen gar, aber noch fest sein. Abgießen, abkühlen lassen und in einem Küchentuch trocknen.
*Für die Sauce* die Avocado schälen und mit Öl und Zitronensaft zu einer weichen, glatten Creme pürieren. Salzen, pfeffern und kühl stellen.
Mehl, Bier und Eigelb in einer Schüssel mit dem Schneebesen verschlagen. Die beiden Eiweiß zu Schnee schlagen und vorsichtig unter den Bierteig heben. 5 Minuten bei Raumtemperatur ruhen lassen.
Das Frittierbad erhitzen, die Schwarzwurzeln einzeln in den Frittierteig tauchen und einige Minuten auf jeder Seite frittieren, damit sie schön goldbraun werden.
Die frittierten Schwarzwurzeln auf einem mit Küchenpapier belegten Teller abtropfen lassen, salzen und pfeffern.
Warm, zusammen mit der Avocadocreme servieren.

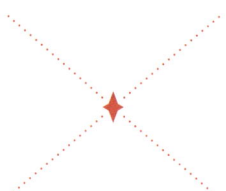

*Dieses Rezept kann anstelle von Schwarzwurzeln auch mit gedämpftem Spargel zubereitet werden.*

# SELLERIE MIT REMOULADENSAUCE UND KREBSFLEISCH

**Für 4 Personen**
Zubereitungszeit: 30 Minuten
Blanchieren: 30 Sekunden

### Zutaten
*1 Knollensellerie (ca. 500 g)*
*1 grüner Apfel*
*Saft von 1 Zitrone*
*1 Bund Schnittlauch*
*10 Sellerieblättchen*
*200 g Krebsfleisch*
*2 EL Mayonnaise*
*5 EL Olivenöl*
*4 Scheiben helles Landbrot*
*Salz, Pfeffer aus der Mühle*

### Zubereitung
Den Sellerie schälen und in der Küchenmaschine raspeln wie Karotten. Dann 30 Sekunden in kochendem Salzwasser blanchieren, abgießen und abkühlen lassen.
Den Apfel schälen und in Würfel schneiden. In eine kleine Schüssel geben und mit Zitronensaft beträufeln. Beiseitestellen. Den Schnittlauch waschen, trocknen und fein schneiden. Die Sellerieblättchen waschen. Das Krebsfleisch abtropfen lassen. Den geriebenen Sellerie mit Mayonnaise, Schnittlauch und Krebsfleisch vermischen. Mit Salz und Pfeffer abschmecken. Den Sellerie auf den Tellern anrichten, Sellerieblättchen und Apfelwürfel zugeben. Mit etwas Olivenöl beträufeln und geröstete Landbrotscheiben dazu reichen.

# MANGOLD, MIT COMTÉ ÜBERBACKEN

**Für 4 Personen**
Zubereitungszeit: 20 Minuten
Kochen/Backen: 35 Minuten

### Zutaten
*800 g Mangold*
*150 g alter Comté*
*5 EL Crème fraîche*
*Muskatnuss*
*Salz, Pfeffer aus der Mühle*

### Zubereitung
Den Backofen auf 180 °C vorheizen
Die Stiele des Mangolds abschneiden, waschen, schälen und in Stücke schneiden (Stiele und Blätter). 5 Minuten in kochendes Wasser geben, danach abgießen. Den Comté reiben und in einer großen Schüssel mit Mangold und Crème fraîche vermischen. Salzen, pfeffern und mit Muskatnuss bestreuen. Den Mangold in eine Auflaufform geben, leicht andrücken und 30 Minuten im Backofen überbacken. Den goldbraunen Auflauf aus dem Backofen nehmen und entweder als Hauptgericht oder als Beilage zu Schweinebraten servieren.

Sellerie mit Remouladensauce und Krebsfleisch

# SCHWEINEBRATEN

*Rechte Seite:* Mangold, mit Comté überbacken

Fünftes Kapitel

# KRÄUTER

| | | |
|---|---|---|
| Lorbeer | Estragon | Krause Petersilie |
| Dill | Glatte Petersilie | Bohnenkraut |
| Basilikum | Majoran | Salbei |
| Rotes Basilikum | Minze | Thymian |
| Thai-Basilikum | Oregano | Zitronenthymian |
| Kerbel | Portulak | Rosmarin |
| Schnittlauch | Sauerampfer | Koriander |

# MIT KRÄUTERN GENIESSEN

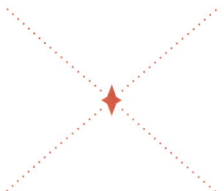

Kräuter haben zu Recht ihren Platz in diesem Buch. Sie sind natürlich kein Gemüse, aber sie wachsen neben dem Gemüse im Gemüsebeet: Schnittlauch, Kerbel, Estragon, Basilikum, Minze, Petersilie, Koriander, Dill … Sie spielen in vielen großen Saucen der französischen Küche eine wichtige Rolle: Sauce Ravigote, Sauce Gribiche, Sauce Béarnaise, Persillade, Schneckenbutter …

### Hier einige Tipps zur richtigen Verwendung von Kräutern:

Allgemein gilt, dass man Kräuter nicht kochen darf. Es ist besser, sie erst im letzten Moment zuzugeben. Zum Aromatisieren von Öl mit Rosmarin oder Basilikum usw. eignet sich am besten ein neutrales Öl wie zum Beispiel Traubenkernöl, das auf 60 °C erhitzt wird. Dann wird das frische Gewürzkraut eingelegt. Kräuter verfärben sich beim Kochen schwarz. Aber sie sollen auch dazu dienen, Farbe in ein Gericht zu bringen; daher sollte man sie wirklich erst gegen Ende der Kochzeit zugeben. Vorsicht, Basilikum verliert beim Erhitzen seinen Geschmack vollständig.

Natürlich passen Kräuter ganz hervorragend zu verschiedenen Saucen, aber man kann sie auch in etwas origineller Weise verwenden. Sie können zum Beispiel eine Kräuterkruste zubereiten. Dazu wird ein Stück Fleisch wie gewohnt zubereitet, und kurz vor Ende der Garzeit wird es in einer Handvoll gehackter Kräuter gewendet. Mit Estragon schmeckt das ganz wunderbar. Auch Beurre blanc lässt sich so verfeinern: Am Ende der Kochzeit wird einfach eine Handvoll gehackter Koriander zugegeben. Bei Geflügel lässt man vor dem Braten verschiedene Kräuter unter die Haut gleiten. Sie werden durch die Haut vor der Hitze geschützt.

Kräuter sind nicht leicht aufzubewahren. Es empfiehlt sich nicht, sie in ein Glas mit Wasser zu stellen. Mit Ausnahme von Minze welken alle Kräuter sehr schnell. Packen Sie sie lieber in eine Plastiktüte und legen Sie diese ins Gemüsefach des Kühlschranks. Eine andere Möglichkeit ist es, die Kräuter in angefeuchtetes Küchenpapier und dann in ein Stück Alufolie zu wickeln. Petersilie, Thymian, Schnittlauch und Minze halten sich auf diese Weise einige Tage. Koriander, Kerbel, Basilikum und Estragon hingegen sind sehr empfindlich.

*Rechte Seite:* Petersilienwurzeln

Rucola wird geerntet.

Kräuter werden auch als Kräutertee zum Trinken zubereitet. Thymian und Eisenkraut haben verdauungsfördernde Eigenschaften, Salbei wirkt beruhigend. Salbei hilft auch gegen übermäßiges Schwitzen und bei Hitzewallungen. Oregano wirkt lindernd bei Grippe, Husten und Asthma …

## DIE GROSSEN KRÄUTERKLASSIKER DER FRANZÖSISCHEN KÜCHE

**Sauce Béarnaise:** Estragon und Kerbel
**Sauce Ravigote:** Schnittlauch, Estragon, Kerbel und glatte Petersilie
**Sauce Gribiche:** Petersilie und Schnittlauch
**Schneckenbutter:** Petersilie

*Oben:*
*Rotes Basilikum (oberes Foto)*
*Basilikum im Beet (unteres Foto)*

## WUSSTEN SIE DAS?

Jede Kultur hat eine Vorliebe für besondere Kräuter. So wird zum Beispiel in skandinavischen Ländern der Dill besonders geschätzt, vor allem zusammen mit geräuchertem oder mariniertem Fisch. Gravad Lachs zum Beispiel, der aus Skandinavien kommt, wird roh verzehrt, nachdem er in eine Marinade aus Salz, Zucker, verschiedenen Gewürzen, Alkohol und Dill eingelegt wurde. Dill finden wir auch bei der Zubereitung der Malossol-Gurken in den östlichen Ländern. Die Italiener verwenden sehr viel Basilikum, aber auch Salbei: Sie frittieren die Salbeiblättchen und essen sie als Antipasti. In Norditalien wird Butter mit Salbei aromatisiert und zu großen Ravioli serviert.

Cervelle de Canut, eine Art Kräuterquarkcreme, ist eine Spezialität aus Lyon. Dazu wird Quark mit Schalotte, Pfeffer und Kräutern, meist Schnittlauch, vermischt. Aber es gibt sehr viele verschiedene Rezepte dafür und man kann sie mit immer wieder anderen Kräutern variieren. Quark oder Frischkäse und Eier passen gut zu Kräutern. Das Omelette aux fines herbes, mit feinen Kräutern, ist ein Klassiker der französischen Küche.

## KRÄUTER DER PROVENCE

Im Süden Frankreichs werden traditionell getrocknete Kräuter verwendet. „Kräuter der Provence" sind eine genau ausgewogene, bekannte Kräutermischung aus dieser Gegend: Bohnenkraut (26 Prozent), Oregano (26 Prozent), Rosmarin (26 Prozent), Thymian (19 Prozent) und Basilikum (3 Prozent). Diese Kräuter werden getrennt angepflanzt, geerntet und getrocknet, erst dann werden sie zu der berühmten, für den Sommer so typischen Kräutermischung zusammengestellt. Die Kräuter der Provence dürfen auch an anderen Orten hergestellt werden; auch die Kräuter, die dazu verwendet werden, können variieren. Nur bei Kräutern der Provence, die das Gütesiegel „Label Rouge" tragen, sind Ursprung und Mischungsverhältnis garantiert.

## DIE PETERSILIE

*Glatte oder krause Petersilie? Früher fand man die krause Petersilie in jeder Küche, man dekorierte das Essen damit, sie schmückte die Vitrinen von Metzgern und Feinkosthändlern. Inzwischen ist sie von der glatten Petersilie fast vollständig verdrängt worden. Glatte Petersilie hat einen kräftigeren Geschmack. Sie ist auch eine wichtige Zutat für das libanesische Taboulé und für viele Suppen. Im Gegensatz zu anderen Kräutern kann Petersilie mitgekocht werden.*

## DAS BOUQUET GARNI

Meist werden Thymian, Lorbeer und Rosmarin zu einem kleinen, halb-getrockneten Gewürzsträußchen gebunden. Aber dieses Bouquet kann auch verschiedene andere Kräuter enthalten, wie Petersilie, Bohnenkraut oder Salbei. Am häufigsten findet es seine Verwendung für einen Court-Bouillon. Am Ende der Kochzeit, bevor das Gericht serviert wird, wird das Bouquet garni entfernt.

*Linke Seite:* Thymian
*Folgende Doppelseite links:* Brunnenkresse,
*rechts:* Brunnenkressesuppe

6: Bohnenkraut   7: Rosmarin   8: Salbei   9: Sauerampfer   10: Minze

6: Krause Petersilie   7: Thai-Basilikum   8: Basilikum   9: Rotes Basilikum   10: Glatte Petersilie

# KARAMELLISIERTES SCHWEINEFLEISCH MIT MAJORAN

Den Backofen auf 180 °C vorheizen. **5 Stängel Majoran** waschen und die Blättchen abzupfen. **4 Schweinekoteletts** (aus dem Schweinekamm geschnitten) in kleine Würfel schneiden. Die Fleischwürfel in eine Schüssel geben, salzen, pfeffern, **2 Esslöffel Sojasauce** und **2 Esslöffel Honig** zugeben und vermischen. 15 Minuten im Backofen braten. Die Majoranblättchen zum karamellisierten Schweinefleisch geben, vermischen und mit weißem Reis servieren.

# RINDERGESCHNETZELTES MIT THAI-BASILIKUM

**2 Bund Thai-Basilikum** waschen, trocknen und abzupfen. **4 Rindersteaks** in kleine Stücke schneiden. **2 rosa Knoblauchzehen** schälen und hacken. **4 Esslöffel Olivenöl** in einem Wok erhitzen und das Fleisch im rauchenden Öl anbräunen. Salzen und pfeffern. **2 Esslöffel Sojasauce** zugeben, 1 Minute einkochen lassen, dann die Basilikumblättchen zugeben. Vermischen, von der Platte nehmen und noch 1 Minute umrühren. Mit weißem Reis oder mit gebratenen Nudeln servieren.

Karamellisiertes Schweinefleisch mit Majoran

Rindergeschnetzeltes mit Thai-Basilikum | ← | | | ↓ | Ziegenfrischkäse mit Schnittlauch und Olivenöl

# ZIEGENFRISCHKÄSE MIT SCHNITTLAUCH UND OLIVENÖL

**200 g Ziegenfrischkäse** (Petit Billy, Chavroux o.ä.) mit **2 Bund Schnittlauch**, gewaschen und fein geschnitten, **2 Esslöffeln Olivenöl, 2 Esslöffeln Tapenade** und **30 g gehackten Gojibeeren** vermischen.
Vollkornbrotscheiben mit dem gut gekühlten Frischkäse bestreichen.

# KALBSCARPACCIO MIT ROTEM BASILIKUM UND PARMESAN

**2 Bund rotes Basilikum** waschen, trocknen und die Blättchen abzupfen. Mit einer Schere sehr fein schneiden.
**80 g frischen Parmesan** in kleine Späne hobeln. Das **Kalbscarpaccio (oder auch ein Carpaccio vom Rind)** auf 4 großen Tellern anrichten. Mit Basilikum und Parmesanspänen bestreuen. Salzen, pfeffern und mit **1 Schuss Olivenöl** beträufeln. Mit geröstetem Brot servieren.

Kalbscarpaccio mit rotem Basilikum und Parmesan

# AUSTERN MIT KRAUSER PETERSILIE

**1 Bund krause Petersilie** waschen und die Stängel abschneiden. 3 Minuten in kochendem Salzwasser blanchieren, abgießen und beiseitestellen. **16 Austern** öffnen, 8 davon in den Schalen belassen, die anderen aus den Schalen lösen und mit **2 Esslöffeln Crème fraîche** und der blanchierten Petersilie in einen Topf geben. Aufkochen, 5 Minuten kochen lassen, dann pürieren. Salzen und pfeffern. Die ganzen Austern 5 Minuten im Backofen erhitzen, mit der Austern-Petersiliensauce überziehen und sofort servieren.

# KORIANDER-HÄHNCHENSALAT MIT ORANGEN

**2 Bund Koriander** in reichlich Wasser waschen, trocknen und die Blättchen mit den weicheren Teilen der Stängel grob hacken. **2 gegarte Hähnchenbrustfilets** fein schneiden, **2 Orangen** filetieren und **2 Stängel Zitronengras** fein schneiden. Koriander, Zitronengras, Hähnchenstreifen, Orangenfilets, **4 Esslöffeln Olivenöl** und **2 Esslöffel Sojasauce** vermischen und sofort servieren.

Austern mit krauser Petersilie

Koriander-Hähnchensalat mit Orangen | ← | | | ↓ | Muscheln in Weißwein mit Zitronenthymian

# MUSCHELN IN WEISSWEIN MIT ZITRONENTHYMIAN

**2 Kilogramm Muscheln**, **10 Stängel Zitronenthymian**, **3 fein geschnittene Schalotten** und **2 Glas Weißwein** in einen großen Topf geben. Den Deckel auflegen und 10 Minuten auf starker Hitze kochen, dabei von Zeit zu Zeit umrühren. Den Topf von der Platte nehmen, wenn alle Muscheln geöffnet sind. Vorsichtig mischen und servieren.

# LACHS, IN DILL MARINIERT

**2 Bund Dill** abzupfen, waschen, trocknen und hacken. Mit einem scharfen Messer **4 Lachssteaks** in feinste Scheiben schneiden und auf 4 Tellern anrichten. Den gehackten Dill mit **4 Esslöffeln Olivenöl** und dem Saft von **2 Zitronen** übergießen. Salzen, pfeffern und 5 Minuten marinieren lassen. Mit frisch getoastetem Brot servieren.

Lachs, in Dill mariniert

# HÄHNCHENSCHENKEL, MIT LORBEER GEBRATEN

Den Backofen auf 180 °C vorheizen. **2 frische Lorbeerblätter** (und eventuell **1 Stängel Thymian**) unter die Haut der Hähnchenschenkel schieben. Salzen und pfeffern. Die Schenkel in eine große ofenfeste Form legen, mit **1 Schuss Olivenöl** beträufeln und 35 Minuten im Backofen braten. Gut heiß mit einem Kartoffelpüree servieren.

# LEICHTE SALBEIBEIGNETS

Die Blättchen von **20 Stängeln Salbei** abzupfen und waschen. Die noch feuchten Blättchen mit **Kartoffel- oder Maisstärke** bestreuen und so auf einen großen Teller legen, dass sie sich nicht überlappen. Ein Frittierbad erhitzen und jeweils 3 Salbeiblättchen in das heiße Öl tauchen, dabei ständig umrühren. Ein Stück Küchenpapier auf einen Teller legen und die frittierten Blättchen darauf abtropfen lassen.

Hähnchenschenkel, mit Lorbeer gebraten

Leichte Salbeibeignets | ↑ | | ↓ | Aufgerolltes Omelette mit Kerbel

# AUFGEROLLTES OMELETTE MIT KERBEL

**4 Bund Kerbel** waschen, abzupfen und hacken. **8 Eier** in einer Schüssel mit dem Schneebesen aufschlagen, salzen, pfeffern und den Kerbel zugeben. **60 g Butter** in einer beschichteten Pfanne erhitzen. Das Omelette in der schäumenden Butter einige Minuten braten und dann aufrollen, damit es innen noch leicht flüssig ist. Dazu passt grüner Salat.

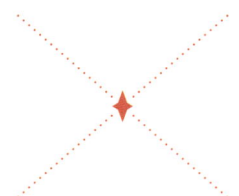

# MINI-PIZZEN MIT OLIVENÖL UND OREGANO

**10 Stängel Oregano** abzupfen, waschen und trocknen. Den Backofen auf 220 °C vorheizen. **500 g Brotteig** in gleichmäßig große Stücke schneiden und auf ein mit Backpapier belegtes Blech legen. Den Teig etwas flach drücken, mit **Olivenöl** bestreichen, salzen, pfeffern und 10 Minuten backen. Die Mini-Pizzen aus dem Backofen nehmen, mit Oreganoblättchen und **Fleur de Sel** bestreuen. Lauwarm verzehren.

Mini-Pizzen mit Olivenöl und Oregano

# GÜRKCHEN IN ESTRAGON [1]

Die Stiele von **500 g frischen Gürkchen** entfernen und mit einer Gemüsebürste unter fließend kaltem Wasser abbürsten. In einem Küchentuch trocknen, dann 12 Stunden in **grobem Salz** marinieren. Abwaschen und in Schraubgläser füllen. **Einige Pfeffer- und Korianderkörner** sowie **einige Stängel frischen Estragon** zugeben. Mit **Weißweinessig** aufgießen, dann die Gläser verschließen und vor dem Verzehr 3 Tage marinieren lassen.

# SCHNELLES PESTO, HAUSGEMACHT [3]

**4 Bund Basilikum** waschen, trocknen und die Blättchen abzupfen. In der Küchenmaschine mit **2 großen rosa Knoblauchzehen**, **60 g Pinienkernen**, **5 Esslöffeln geriebenem Parmesan** und **150 ml Olivenöl**, die nach und nach zugegeben werden, pürieren. Das Pesto in ein Schraubglas füllen und 2 Stunden kühl stellen, damit es etwas fester wird. Es passt zu Reis, Nudeln und gedämpftem Gemüse.

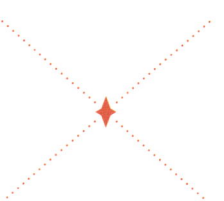

# ROSMARINÖL [2]

**5 Esslöffel Olivenöl** in einem kleinen Topf leicht erhitzen. **4 Stängel Rosmarin** in das lauwarme Öl geben, salzen und pfeffern. Von der Platte nehmen und bei Raumtemperatur 1 Stunde ziehen lassen. Dieses Öl passt zu gegrilltem Fisch oder Fleisch, aber auch zu Tomatensalat. Es kann auch zum Aromatisieren eines Kartoffelpürees verwendet werden.

# MINZSAUCE ZU GEBRATENEM FLEISCH [4]

**5 Stängel Minze** waschen und abzupfen. Mit etwas Kochjus eines Lamm- oder Kalbsbratens oder eines Brathähnchens und **1 Teelöffel Olivenöl** verrühren. Salzen, pfeffern und zu dem Braten servieren, von dem der Kochjus abgenommen wurde.

1

3

2

4

1

2

3

4

# SAUERAMPFERSAUCE ZUM LACHS [1]

**2 Bund Sauerampfer** waschen und trocknen. Die Stängel abschneiden und die Blättchen grob hacken. In einem Topf **400 ml Weißwein** mit **2 fein geschnittenen Schalotten** auf drei Viertel einkochen, **4 Esslöffel Crème fraîche** zugeben, 5 Minuten köcheln und den Sauerampfer zugeben. Salzen, pfeffern, vermischen und von der Platte nehmen. Diese Sauce passt zu Lachs oder Kalbsschnitzel, aber auch zu Dampfkartoffeln.

# BEURRE BLANC MIT THYMIAN [3]

**1 kleines Glas Weißwein** mit **1 fein geschnittenen Schalotte** in einem Topf auf drei Viertel reduzieren. Die Platte ausschalten und nach und nach **150 g Butter** mit dem Schneebesen unterrühren. Vorsicht, die Butter darf nicht kochen. Salzen, pfeffern und **5 Stängel frischen Thymian** zugeben. Die Sauce im Wasserbad warm halten. 10 Minuten ziehen lassen und zu einem gegrillten Fisch servieren.

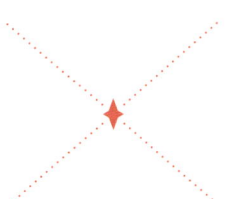

# ECHTES TABOULÉ MIT GLATTER PETERSILIE [2]

**2 Bund glatte Petersilie** abzupfen, waschen und trocknen. Die Blättchen mit einer Schere fein schneiden und in einer Schüssel mit **2 Esslöffeln gekochtem Bulgur, 2 Tomaten**, entkernt und in kleine Würfel geschnitten, und **5 Esslöffeln Olivenöl** vermischen. 10 Minuten im Kühlschrank ziehen lassen, salzen, pfeffern und genießen.

# ERBSENCREME MIT BOHNENKRAUT [4]

Die Blättchen von **5 Stängeln Bohnenkraut** abzupfen. **600 g frische** (oder tiefgekühlte) **Erbsen** in einem Topf in **4 Esslöffeln Olivenöl** 5 Minuten anschwitzen. **1 fein geschnittene milde Zwiebel** zugeben und 5 Minuten anschwitzen. **300 ml Wasser** zugeben. Salzen und pfeffern. 5 Minuten kochen lassen, dann **600 ml Sahne** und das Bohnenkraut zugeben. 20 Minuten kochen lassen. Die Suppe pürieren, mit Salz und Pfeffer abschmecken. Heiß oder kalt in kleinen Gläsern servieren.

# ANHANG

Saisonkalender

Rezeptregister

Dank

# SAISONKALENDER FÜR GEMÜSE

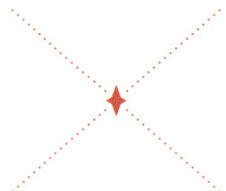

Viele der im Buch verwendeten Gemüsesorten bekommen Sie mittlerweile das ganze Jahr über. Am besten schmecken diese Früchte jedoch, wenn man sie zu ihrer Erntezeit zubereitet. Deshalb haben wir einen Kalender zusammengestellt, an dem sich ablesen lässt, welches Gemüse wann bei uns Saison hat.

|  | Jan | Feb | Mär | Apr | Mai | Jun | Jul | Aug | Sep | Okt | Nov | Dez |
|---|---|---|---|---|---|---|---|---|---|---|---|---|
| Artischocke | - | - | - | - | - | - | ✦ | ✦ | ✦ | ✦ | - | - |
| Aubergine | - | - | - | - | - | - | ✦ | ✦ | ✦ | ✦ | - | - |
| Blumenkohl | - | - | - | - | ✦ | ✦ | ✦ | ✦ | ✦ | ✦ | - | - |
| Bohnen, grüne | - | - | - | - | - | - | ✦ | ✦ | ✦ | ✦ | - | - |
| Bohnen, dicke | - | - | - | - | - | ✦ | ✦ | ✦ | - | - | - | - |
| Brokkoli | - | - | - | - | - | ✦ | ✦ | ✦ | ✦ | ✦ | - | - |
| Champignons | ✦ | ✦ | ✦ | ✦ | ✦ | ✦ | ✦ | ✦ | ✦ | ✦ | ✦ | ✦ |
| Chicorée | ✦ | ✦ | - | - | - | - | - | - | - | ✦ | ✦ | ✦ |
| Erbsen | - | - | - | - | - | ✦ | ✦ | ✦ | - | - | - | - |
| Fenchel | - | - | - | - | - | - | ✦ | ✦ | ✦ | ✦ | ✦ | - |
| Gurke/Salatgurke | - | - | - | - | - | ✦ | ✦ | ✦ | ✦ | ✦ | - | - |
| Haselnüsse | - | - | - | - | - | - | - | - | ✦ | - | - | - |
| Karden | - | - | - | - | - | - | - | - | ✦ | ✦ | ✦ | ✦ |
| Kartoffeln | - | - | - | - | - | - | ✦ | ✦ | ✦ | ✦ | - | - |
| Kohlrabi | - | - | - | - | ✦ | ✦ | ✦ | ✦ | ✦ | ✦ | - | - |
| Kürbis | - | - | - | - | - | - | - | - | ✦ | ✦ | ✦ | ✦ |
| Lauch/Porree | ✦ | ✦ | ✦ | ✦ | - | - | ✦ | ✦ | ✦ | ✦ | ✦ | ✦ |
| Lauch-/Frühlingszwiebeln | - | - | - | - | ✦ | ✦ | ✦ | ✦ | ✦ | ✦ | - | - |
| Mais | - | - | - | - | - | - | - | - | ✦ | ✦ | - | - |
| Mangold | - | - | - | - | - | ✦ | ✦ | ✦ | ✦ | ✦ | - | - |
| Möhren/Karotten | - | - | - | - | - | ✦ | ✦ | ✦ | ✦ | ✦ | - | - |

|  | Jan | Feb | Mär | Apr | Mai | Jun | Jul | Aug | Sep | Okt | Nov | Dez |
|---|---|---|---|---|---|---|---|---|---|---|---|---|
| Paprika | – | – | – | – | – | – | ✦ | ✦ | ✦ | ✦ | – | – |
| Pastinaken | ✦ | ✦ | ✦ | – | – | – | – | – | ✦ | ✦ | ✦ | ✦ |
| Pfifferlinge | – | – | – | – | – | ✦ | ✦ | ✦ | ✦ | – | – | – |
| Radieschen | – | – | – | – | ✦ | ✦ | ✦ | ✦ | ✦ | ✦ | – | – |
| Rosenkohl | ✦ | ✦ | ✦ | – | – | – | – | – | – | ✦ | ✦ | ✦ |
| Rote Bete | – | – | – | – | – | – | ✦ | ✦ | ✦ | ✦ | ✦ | – |
| Rotkohl | – | – | – | – | – | ✦ | ✦ | ✦ | ✦ | ✦ | ✦ | – |
| Schwarzwurzeln | ✦ | ✦ | – | – | – | – | – | – | – | ✦ | – | ✦ |
| Spargel | – | – | ✦ | ✦ | ✦ | – | – | – | – | – | – | – |
| Spinat | – | – | ✦ | ✦ | ✦ | – | – | – | ✦ | ✦ | ✦ | – |
| Staudensellerie | – | – | – | – | – | – | ✦ | ✦ | ✦ | ✦ | – | – |
| Steinpilze | – | – | – | – | ✦ | ✦ | ✦ | ✦ | ✦ | ✦ | – | – |
| Steckrüben | – | – | – | – | – | – | – | – | ✦ | ✦ | ✦ | ✦ |
| Tomaten | – | – | – | – | – | – | ✦ | ✦ | ✦ | ✦ | – | – |
| Topinambur | ✦ | ✦ | ✦ | – | – | – | – | – | – | ✦ | ✦ | ✦ |
| Walnüsse | – | – | – | – | – | – | – | – | ✦ | ✦ | – | – |
| Weißkohl | – | – | – | – | – | ✦ | ✦ | ✦ | ✦ | ✦ | ✦ | – |
| Wirsing | ✦ | ✦ | – | – | ✦ | ✦ | ✦ | ✦ | ✦ | ✦ | ✦ | ✦ |
| Zucchini | – | – | – | – | – | ✦ | ✦ | ✦ | ✦ | ✦ | – | – |
| Zuckerschoten | – | – | – | – | – | ✦ | ✦ | ✦ | – | – | – | – |
| Zwiebeln | – | – | – | – | – | – | ✦ | ✦ | ✦ | ✦ | – | – |

*Nachfolgende Doppelseite, links:* Aubergine. *Rechts:* Rotkohl

# REZEPTREGISTER NACH JAHRESZEITEN SOWIE KRÄUTER

## FRÜHLINGSGEMÜSE

| | |
|---|---|
| Artischockencreme mit Trüffelöl | 78 |
| Erbsen à la française | 82 |
| Fenchel im Schinkenmantel | 92 |
| Frikassee aus Dicken Bohnen, roten Zwiebeln und Chorizo-Streifen | 94 |
| Gebratener Spargel mit rohem Schinken, Aioli mit mildem Knoblauch | 76 |
| Gedämpfte Radieschen mit Estragonbutter | 68 |
| Gedämpfte Safran-Gemüsepfanne | 98 |
| Gefüllte Zwiebeln mit Geflügelleber | 90 |
| Im Backofen getrocknete Tomaten mit Oregano | 100 |
| Junge Rübchen mit Honig und Enten-Confit | 82 |
| Knackiger Gemüsesalat, Vinaigrette mit Ölsardinen | 100 |
| Lauch mit Ricotta im Blätterteigfladen | 70 |
| Little-Gem-Salat, Knoblauch- und Zwiebelchips, Vinaigrette mit Blauschimmelkäse | 88 |
| Neue Kartoffeln in der Schale mit Salbeibutter | 76 |
| Portulak, Estragon-Vinaigrette und getrockneter Schinken | 72 |
| Quiche mit Frühlingszwiebeln | 86 |
| Rote-Bete-Suppe mit Frühlingszwiebeln, Erbsen und Bacon | 94 |
| Rucola-Karotten-Cake | 92 |
| Salat aus grünen Bohnen mit Sesam und Limette | 72 |
| Salat vom Kohlrabi und Brokkoli mit Nüssen und Kernen | 80 |
| Spargelcremesuppe mit Lachs | 86 |
| Staudensellerie, im Wok gebraten | 92 |
| Suppe mit karamellisiertem Blumenkohl und Sesam | 98 |
| Zarter Spinat mit Rosinen, Pinienkernen und Parmesan | 92 |

## SOMMERGEMÜSE

| | |
|---|---|
| Auberginencurry mit frischem Koriander | 146 |
| Bohnensalat mit gelber Bete | 134 |
| Bunte Tomatentarte | 120 |
| Frische weiße Bohnen mit Sahne-Vinaigrette | 140 |
| Frühlingsrollen mit Gurke und Rotbarbe | 134 |
| Geeister Gazpacho, geröstetes Brot mit Tapenade | 124 |
| Gegrillte Paprika, in Knoblauchöl eingelegt | 120 |
| Grünes Tomaten-Chutney | 142 |
| Kalte Zucchini-Knoblauch-Suppe, mit Tomaten eingeriebenes Röstbrot | 130 |
| Kirschtomatensalat mit frischen Trauben und Estragon | 136 |
| Maiskolben im Backofen, Paprikabutter | 136 |
| Mit Kaninchenfleisch gefülltes Gemüse | 140 |
| Ochsenherztomaten, mit Brandade gefüllt | 130 |
| Piperade mit Bayonne-Schinken und Chorizo | 126 |
| Poivrade-Artischocken mit Pfeffer | 126 |
| Provenzalischer Tian, überbacken | 146 |
| Ratatouille mit Rosmarin und weichem Ei | 134 |
| Runde Zucchini, mit Merguez-Wurstbrät gefüllt | 144 |
| Soup au Pistou (Provenzalische Gemüsesuppe) | 132 |
| Zucchini mit Mozzarella | 134 |
| Zucchiniblüten, mit Ziegenfrischkäse und Zitronen gefüllt | 124 |

## HERBSTGEMÜSE

| | |
|---|---|
| Eichblatt-Tauben-Salat | 174 |
| Frittierter Kürbis, Senfsauce | 174 |
| Gefüllter Patidou | 188 |
| Hokkaido-Cremesuppe mit altem Comté | 186 |
| Kalbsfrikassee mit Butternutkürbis und Pfifferlingen | 166 |
| Kastanienpfanne mit Steinpilzen und Foie gras | 172 |
| Milchlinge in Essig, Thymian und Lorbeer | 176 |
| Pfifferlinge in Kräuterbrühe | 182 |
| Pizza mit weißen Champignons | 172 |
| Rettichchips mit Fleur de Sel und Curry | 188 |
| Riesenkürbis, in Haselnussöl gebraten | 180 |
| Rigatoni mit Romanesco, Radicchio und Walnüssen | 180 |
| Risotto mit Totentrompeten | 174 |
| Rosenkohl mit Fleischklößchen | 186 |
| Rote Bete „Crapaudine", im Salzmantel gegart, Kräutervinaigrette | 168 |
| Rotkohl mit Äpfeln, im Backofen geschmort | 176 |
| Spaghettikürbis mit Spaghetti | 168 |
| Überbackener Patisson mit Fourme d'Ambert | 174 |
| Weißkohl „Tandoori" mit Brunnenkresse | 182 |

## WINTERGEMÜSE

| | |
|---|---|
| Chicorée im Schinkenmantel | 216 |
| Friséesalat mit Rillons und wachsweichem Ei | 214 |
| Frittierte Schwarzwurzeln mit Avocadocreme | 224 |
| Gefüllter Wirsing | 206 |
| Große lauwarme Lauchstangen, Sauce Gribiche | 216 |
| Karden mit Knochenmark | 218 |
| Kartoffelauflauf mit Sahne | 216 |
| Knollenziestpfanne mit Haselnüssen | 214 |
| Lauwarme Löwenzahn-Tartelettes | 218 |
| Mangold, mit Comté überbacken | 226 |
| Pastinaken-Mousseline mit Thymian und Speck | 208 |
| Pot-au-feu mit vergessenen Gemüsen | 216 |
| Rettich-Carpaccio mit Feldsalat auf Butterbrot | 222 |
| Sellerie mit Remouladensauce und Krebsfleisch | 226 |
| Sellerie-Apfel-Auflauf mit Parmesan | 210 |
| Wirsing mit Perlhuhn | 210 |
| Wurzelgemüse aus dem Backofen mit Joghurtsauce | 222 |

## KRÄUTER

| | |
|---|---|
| Aufgerolltes Omelette mit Kerbel | 260 |
| Austern mit krauser Petersilie | 250 |
| Beurre blanc mit Thymian | 265 |
| Echtes Taboulé mit glatter Petersilie | 265 |
| Erbsencreme mit Bohnenkraut | 265 |
| Gürkchen in Estragon | 262 |
| Hähnchenschenkel, mit Lorbeer gebraten | 256 |
| Kalbscarpaccio mit rotem Basilikum und Parmesan | 248 |
| Karamellisiertes Schweinefleisch mit Majoran | 244 |
| Koriander-Hähnchensalat mit Orangen | 250 |
| Lachs, in Dill mariniert | 254 |
| Leichte Salbeibeignets | 256 |
| Mini-Pizzen mit Olivenöl und Oregano | 260 |
| Minzsauce zu gebratenem Fleisch | 262 |
| Muscheln in Weißwein mit Zitronenthymian | 254 |
| Rindergeschnetzeltes mit Thai-Basilikum | 244 |
| Rosmarinöl | 262 |
| Sauerampfersauce zum Lachs | 265 |
| Schnelles Pesto, hausgemacht | 262 |
| Ziegenfrischkäse mit Schnittlauch und Olivenöl | 248 |

# REZEPTREGISTER NACH PRODUKTEN

## ARTISCHOCKE
| | |
|---|---|
| Artischockencreme mit Trüffelöl | 78 |
| Poivrade-Artischocken mit Pfeffer | 126 |

## AUBERGINE
| | |
|---|---|
| Auberginencurry mit frischem Koriander | 146 |
| Mit Kaninchenfleisch gefülltes Gemüse | 140 |
| Provenzalischer Tian, überbacken | 146 |
| Ratatouille mit Rosmarin und weichem Ei | 134 |

## AVOCADO
| | |
|---|---|
| Frittierte Schwarzwurzeln mit Avocadocreme | 224 |

## BASILIKUM
| | |
|---|---|
| Geeister Gazpacho, geröstetes Brot mit Tapenade | 124 |
| Kalbscarpaccio mit rotem Basilikum und Parmesan | 248 |
| Poivrade-Artischocken mit Pfeffer | 126 |
| Rindergeschnetzeltes mit Thai-Basilikum | 244 |
| Schnelles Pesto, hausgemacht | 262 |
| Staudensellerie, im Wok gebraten | 92 |
| Soup au Pistou (Provenzalische Gemüsesuppe) | 132 |

## BLÜTEN
| | |
|---|---|
| Die Blüten | 41 |

## BOHNENKRAUT
| | |
|---|---|
| Erbsencreme mit Bohnenkraut | 265 |
| Kalte Zucchini-Knoblauch-Suppe, mit Tomaten eingeriebenes Röstbrot | 130 |

## BROKKOLI
| | |
|---|---|
| Salat vom Kohlrabi und Brokkoli mit Nüssen und Kernen | 80 |

## BUTTERBOHNEN
| | |
|---|---|
| Bohnensalat mit gelber Bete | 134 |

## CHICORÉE
| | |
|---|---|
| Chicorée aus Bodenkultur | 197 |
| Chicorée im Schinkenmantel | 216 |

## CHILI
| | |
|---|---|
| Grünes Tomaten-Chutney | 142 |
| Piperade mit Bayonne-Schinken und Chorizo | 126 |
| Vorsicht scharf! | 110 |

## DICKE BOHNEN
| | |
|---|---|
| Frikassee aus Dicken Bohnen, roten Zwiebeln und Chorizo-Streifen | 94 |
| Gedämpfte Safran-Gemüsepfanne | 98 |

## DILL
| | |
|---|---|
| Lachs, in Dill mariniert | 254 |

## ERBSEN
| | |
|---|---|
| Erbsen à la française | 82 |
| Erbsencreme mit Bohnenkraut | 265 |
| Gedämpfte Safran-Gemüsepfanne | 98 |
| Soup au Pistou (Provenzalische Gemüsesuppe) | 132 |
| Rote-Bete-Suppe mit Frühlingszwiebeln, Erbsen und Bacon | 94 |

## ESTRAGON
| | |
|---|---|
| Gedämpfte Radieschen mit Estragonbutter | 68 |
| Gefüllter Wirsing | 206 |
| Große lauwarme Lauchstangen, Sauce Gribiche | 216 |
| Gürkchen in Estragon | 262 |

| | |
|---|---|
| Kirschtomatensalat mit frischen Trauben und Estragon | 136 |
| Portulak, Estragon-Vinaigrette und getrockneter Schinken | 72 |

## FENCHEL
| | |
|---|---|
| Fenchel im Schinkenmantel | 96 |

## GRÜNE BOHNEN
| | |
|---|---|
| Gedämpfte Safran-Gemüsepfanne | 98 |
| Soup au Pistou (Provenzalische Gemüsesuppe) | 132 |
| Salat aus grünen Bohnen mit Sesam und Limette | 72 |

## GURKE
| | |
|---|---|
| Frühlingsrollen mit Gurke und Rotbarbe | 134 |
| Geeister Gazpacho, geröstetes Brot mit Tapenade | 124 |

## HASELNÜSSE
| | |
|---|---|
| Salat vom Kohlrabi und Brokkoli mit Nüssen und Kernen | 80 |
| Knollenziestpfanne mit Haselnüssen | 214 |
| Riesenkürbis, in Haselnussöl gebraten | 180 |

## INGWER
| | |
|---|---|
| Frühlingsrollen mit Gurke und Rotbarbe | 134 |
| Staudensellerie, im Wok gebraten | 96 |

## KARDEN
| | |
|---|---|
| Karden mit Knochenmark | 218 |
| Karden, ein vergessenes Gemüse? | 197 |

## KAROTTEN
| | |
|---|---|
| Gedämpfte Safran-Gemüsepfanne | 98 |
| Kalbsfrikassee mit Butternutkürbis und Pfifferlingen | 166 |
| Knackiger Gemüsesalat, Vinaigrette mit Ölsardinen | 100 |
| Pot-au-feu mit vergessenen Gemüsen | 216 |
| Soup au Pistou (Provenzalische Gemüsesuppe) | 132 |
| Rucola-Karotten-Cake | 96 |
| Wurzelgemüse aus dem Backofen mit Joghurtsauce | 222 |

## KARTOFFELN
| | |
|---|---|
| Die Kartoffel aus Melville | 19 |
| Frühkartoffeln | 54 |
| Kartoffelauflauf mit Sahne | 216 |
| Müssen Kartoffeln vor dem Kochen geschält werden? | 24 |
| Neue Kartoffeln in der Schale mit Salbeibutter | 76 |
| Ochsenherztomaten, mit Brandade gefüllt | 130 |
| Pot-au-feu mit vergessenen Gemüsen | 216 |
| Soup au Pistou (Provenzalische Gemüsesuppe) | 132 |
| Provenzalischer Tian, überbacken | 146 |
| Wurzelgemüse aus dem Backofen mit Joghurtsauce | 222 |

## KASTANIEN
| | |
|---|---|
| Kastanienpfanne mit Steinpilzen und Foie gras | 172 |
| Wussten Sie das? | 155 |

## KERBEL
| | |
|---|---|
| Aufgerolltes Omelette mit Kerbel | 260 |

## KNOBLAUCH
| | |
|---|---|
| Auberginencurry mit frischem Koriander | 146 |
| Es gibt nicht nur einen Knoblauch | 109 |
| Frikassee aus Dicken Bohnen, roten Zwiebeln und Chorizo-Streifen | 94 |
| Frische weiße Bohnen mit Sahne-Vinaigrette | 140 |
| Gebratener Spargel mit rohem Schinken, Aioli mit mildem Knoblauch | 76 |
| Geeister Gazpacho, geröstetes Brot mit Tapenade | 124 |
| Gefüllte Zwiebeln mit Geflügelleber | 90 |
| Gegrillte Paprika, in Knoblauchöl eingelegt | 120 |
| Kalte Zucchini-Knoblauch-Suppe, mit Tomaten eingeriebenes Röstbrot | 130 |
| Kartoffelauflauf mit Sahne | 216 |
| Little-Gem-Salat, Knoblauch- und Zwiebelchips, Vinaigrette mit Blauschimmelkäse | 88 |
| Milchlinge in Essig, Thymian und Lorbeer | 176 |
| Mit Kaninchenfleisch gefülltes Gemüse | 140 |
| Ochsenherztomaten, mit Brandade gefüllt | 130 |
| Piperade mit Bayonne-Schinken und Chorizo | 126 |
| Provenzalischer Tian, überbacken | 146 |
| Ratatouille mit Rosmarin und weichem Ei | 134 |
| Rigatoni mit Romanesco, Radicchio und Walnüssen | 180 |
| Rindergeschnetzeltes mit Thai-Basilikum | 244 |
| Risotto mit Totentrompeten | 174 |
| Schnelles Pesto, hausgemacht | 262 |
| Soup au Pistou (Provenzalische Gemüsesuppe) | 132 |
| Spaghettikürbis mit Spaghetti | 168 |
| Staudensellerie, im Wok gebraten | 96 |

## KNOLLENZIEST
| | |
|---|---|
| Knollenziestpfanne mit Haselnüssen | 214 |

## KOHL
| | |
|---|---|
| Gefüllter Wirsing | 206 |
| Rigatoni mit Romanesco, Radicchio und Walnüssen | 180 |
| Rosenkohl mit Fleischklößchen | 186 |
| Rotkohl mit Äpfeln, im Backofen geschmort | 176 |
| Salat vom Kohlrabi und Brokkoli mit Nüssen und Kernen | 80 |
| Suppe mit karamellisiertem Blumenkohl und Sesam | 98 |
| Weißkohl „Tandoori" mit Brunnenkresse | 182 |
| Wirsing mit Perlhuhn | 210 |

## KORIANDER

| | |
|---|---|
| Auberginencurry mit frischem Koriander | 146 |
| Bohnensalat mit gelber Bete | 134 |
| Frühlingsrollen mit Gurke und Rotbarbe | 134 |
| Grünes Tomaten-Chutney | 142 |
| Gürkchen in Estragon | 262 |
| Kirschtomatensalat mit frischen Trauben und Estragon | 136 |
| Koriander-Hähnchensalat mit Orangen | 250 |
| Runde Zucchini, mit Merguez-Wurstbrät gefüllt | 144 |

## KRÄUTER DER PROVENCE

| | |
|---|---|
| Kräuter der Provence | 237 |

## KRESSE

| | |
|---|---|
| Kresse | 158 |
| Weißkohl „Tandoori" mit Brunnenkresse | 182 |

## KÜRBIS

| | |
|---|---|
| Frittierter Kürbis, Senfsauce | 174 |
| Gefüllter Patidou | 188 |
| Hokkaido-Cremesuppe mit altem Comté | 186 |
| Kalbsfrikassee mit Butternutkürbis und Pfifferlingen | 166 |
| Lauter Kürbisse | 155 |
| Riesenkürbis, in Haselnussöl gebraten | 180 |
| Spaghettikürbis mit Spaghetti | 168 |
| Überbackener Patisson mit Fourme d'Ambert | 174 |

## LAUCH

| | |
|---|---|
| Der Lauch aus Créances | 19 |
| Große lauwarme Lauchstangen, Sauce Gribiche | 216 |
| Kalbsfrikassee mit Butternutkürbis und Pfifferlingen | 166 |
| Lauch mit Ricotta im Blätterteigfladen | 70 |

## LORBEER

| | |
|---|---|
| Erbsen à la française | 82 |
| Hähnchenschenkel, mit Lorbeer gebraten | 256 |
| Kalbsfrikassee mit Butternutkürbis und Pfifferlingen | 166 |
| Milchlinge in Essig, Thymian und Lorbeer | 176 |
| Ochsenherztomaten, mit Brandade gefüllt | 130 |
| Piperade mit Bayonne-Schinken und Chorizo | 126 |
| Provenzalischer Tian, überbacken | 146 |
| Ratatouille mit Rosmarin und weichem Ei | 134 |
| Wirsing mit Perlhuhn | 210 |

## LÖWENZAHN

| | |
|---|---|
| Lauwarme Löwenzahn-Tartelettes | 218 |

## MAIS

| | |
|---|---|
| Maiskolben im Backofen, Paprikabutter | 136 |

## MAJORAN

| | |
|---|---|
| Karamellisiertes Schweinefleisch mit Majoran | 244 |

## MANGOLD

| | |
|---|---|
| Mangold, mit Comté überbacken | 226 |

## MILCHLING

| | |
|---|---|
| Milchlinge in Essig, Thymian und Lorbeer | 176 |

## MINZE

| | |
|---|---|
| Frühlingsrollen mit Gurke und Rotbarbe | 134 |
| Knackiger Gemüsesalat, Vinaigrette mit Ölsardinen | 100 |
| Minzsauce zu gebratenem Fleisch | 262 |
| Wurzelgemüse aus dem Backofen mit Joghurtsauce | 222 |

## OREGANO

| | |
|---|---|
| Im Backofen getrocknete Tomaten mit Oregano | 100 |
| Mini-Pizzen mit Olivenöl und Oregano | 260 |
| Mit Kaninchenfleisch gefülltes Gemüse | 140 |
| Rosenkohl mit Fleischklößchen | 186 |

## PAPRIKA

| | |
|---|---|
| Gegrillte Paprika, in Knoblauchöl eingelegt | 120 |
| Mit Kaninchenfleisch gefülltes Gemüse | 140 |
| Piperade mit Bayonne-Schinken und Chorizo | 126 |
| Ratatouille mit Rosmarin und weichem Ei | 134 |

## PASTINAKEN

| | |
|---|---|
| Pastinaken-Mousseline mit Thymian und Speck | 208 |

## PETERSILIE

| | |
|---|---|
| Austern mit krauser Petersilie | 250 |
| Bohnensalat mit gelber Bete | 134 |
| Echtes Taboulé mit glatter Petersilie | 265 |
| Frikassee aus Dicken Bohnen, roten Zwiebeln und Chorizo-Streifen | 94 |
| Gefüllte Zwiebeln mit Geflügelleber | 90 |
| Große lauwarme Lauchstangen, Sauce Gribiche | 216 |
| Lauch mit Ricotta im Blätterteigfladen | 70 |
| Mit Kaninchenfleisch gefülltes Gemüse | 140 |
| Pot-au-feu mit vergessenen Gemüsen | 216 |
| Rote Bete „Crapaudine", im Salzmantel gegart, Kräutervinaigrette | 168 |
| Rote-Bete-Suppe mit Frühlingszwiebeln, Erbsen und Bacon | 94 |
| Wurzelgemüse aus dem Backofen mit Joghurtsauce | 222 |

## PFIFFERLING

| | |
|---|---|
| Kalbsfrikassee mit Butternutkürbis und Pfifferlingen | 166 |
| Pfifferlinge in Kräuterbrühe | 182 |

## PORTULAK
Portulak, Estragon-Vinaigrette und getrockneter Schinken ...... 72

## RETTICH UND RADIESCHEN
Gedämpfte Radieschen mit Estragonbutter ................ 68
Gedämpfte Safran-Gemüsepfanne ...................... 98
Rettich-Carpaccio mit Feldsalat auf Butterbrot............ 222
Rettichchips mit Fleur de Sel und Curry ................ 188

## ROSMARIN
Ratatouille mit Rosmarin und weichem Ei ............... 134
Rosmarinöl ........................................ 262

## ROTE BETE
Bohnensalat mit gelber Bete .......................... 134
Rote Bete „Crapaudine", im Salzmantel gegart, Kräutervinaigrette .. 168
Rote-Bete-Suppe mit Frühlingszwiebeln, Erbsen und Bacon ...... 94

## RÜBEN
Gedämpfte Safran-Gemüsepfanne ...................... 98
Junge Rübchen mit Honig und Enten-Confit ................ 82
Pot-au-feu mit vergessenen Gemüsen .................... 216

## SALAT
Eichblatt-Tauben-Salat ............................... 174
Erbsen à la française ................................. 82
Friséesalat mit Rillons und wachsweichem Ei .............. 214
Knackiger Gemüsesalat, Vinaigrette mit Ölsardinen.......... 100
Little-Gem-Salat, Knoblauch- und Zwiebelchips,
Vinaigrette mit Blauschimmelkäse...................... 88
Rettich-Carpaccio mit Feldsalat auf Butterbrot............ 222
Rigatoni mit Romanesco, Radicchio und Walnüssen ......... 180
Rucola-Karotten-Cake................................ 96

## SALBEI
Kalbsfrikassee mit Butternutkürbis und Pfifferlingen ......... 166
Leichte Salbeibeignets ............................... 256
Neue Kartoffeln in der Schale mit Salbeibutter ............. 76

## SAUERAMPFER
Sauerampfersauce zum Lachs .......................... 265

## SCHNITTLAUCH
Bohnensalat mit gelber Bete .......................... 134
Eichblatt-Tauben-Salat ............................... 174
Frische weiße Bohnen mit Sahne-Vinaigrette............... 140
Friséesalat mit Rillons und wachsweichem Ei .............. 214
Große lauwarme Lauchstangen, Sauce Gribiche ............ 216
Kastanienpfanne mit Steinpilzen und Foie gras ............ 172
Knackiger Gemüsesalat, Vinaigrette mit Ölsardinen.......... 100

Knollenziestpfanne mit Haselnüssen .................... 214
Little-Gem-Salat, Knoblauch- und Zwiebelchips,
Vinaigrette mit Blauschimmelkäse...................... 88
Pfifferlinge in Kräuterbrühe ........................... 182
Rote Bete „Crapaudine", im Salzmantel gegart, Kräutervinaigrette .. 168
Salat vom Kohlrabi und Brokkoli mit Nüssen und Kernen ...... 80
Sellerie mit Remouladensauce und Krebsfleisch ............ 226
Spargelcremesuppe mit Lachs ......................... 86
Ziegenfrischkäse mit Schnittlauch und Olivenöl............ 248
Zucchini mit Mozzarella .............................. 134

## SCHWARZWURZELN
Frittierte Schwarzwurzeln mit Avocadocreme .............. 224

## SELLERIE
Knackiger Gemüsesalat, Vinaigrette mit Ölsardinen.......... 100
Knollensellerie ..................................... 198
Knollensellerie: Ein Wurzelgemüse ..................... 48
Sellerie mit Remouladensauce und Krebsfleisch ............ 226
Sellerie-Apfel-Auflauf mit Parmesan .................... 210
Staudensellerie, im Wok gebraten ...................... 96

## SPARGEL
Spargelcremesuppe mit Lachs ......................... 86
Gedämpfte Safran-Gemüsepfanne ...................... 98

## SPINAT
Pizza mit weißen Champignons ........................ 172
Zarter Spinat mit Rosinen, Pinienkernen und Parmesan ....... 96

## STECKRÜBEN
Pot-au-feu mit vergessenen Gemüsen .................... 216

## STEINPILZE
Kastanienpfanne mit Steinpilzen und Foie gras ............ 172
Milchlinge in Essig, Thymian und Lorbeer ................ 176

## SÜSSKARTOFFELN
Wurzelgemüse aus dem Backofen mit Joghurtsauce .......... 222

## THYMIAN
Beurre blanc mit Thymian ............................ 265
Bunte Tomatentarte ................................. 120
Erbsen à la française ................................. 82
Gegrillte Paprika, in Knoblauchöl eingelegt................ 120
Hähnchenschenkel, mit Lorbeer gebraten ................. 256
Kalbsfrikassee mit Butternutkürbis und Pfifferlingen ......... 166
Milchlinge in Essig, Thymian und Lorbeer ................ 176
Muscheln in Weißwein mit Zitronenthymian .............. 254

Ochsenherztomaten, mit Brandade gefüllt . . . . . . . . . . . . . . . 130
Pastinaken-Mousseline mit Thymian und Speck . . . . . . . . . . . 208
Piperade mit Bayonne-Schinken und Chorizo . . . . . . . . . . . . 126
Provenzalischer Tian, überbacken . . . . . . . . . . . . . . . . . . . . 146
Spaghettikürbis mit Spaghetti . . . . . . . . . . . . . . . . . . . . . . . 168
Wirsing mit Perlhuhn . . . . . . . . . . . . . . . . . . . . . . . . . . . . . 210
Zucchiniblüten, mit Ziegenfrischkäse und Zitronen gefüllt . . . . . . 124

## TOMATEN

Bohnensalat mit gelber Bete . . . . . . . . . . . . . . . . . . . . . . . 134
Bunte Tomatentarte . . . . . . . . . . . . . . . . . . . . . . . . . . . . . 120
Echtes Taboulé mit glatter Petersilie . . . . . . . . . . . . . . . . . 265
Geeister Gazpacho, geröstetes Brot mit Tapenade . . . . . . . . . 124
Grünes Tomaten-Chutney . . . . . . . . . . . . . . . . . . . . . . . . . 142
Im Backofen getrocknete Tomaten mit Oregano . . . . . . . . . . 100
Kalte Zucchini-Knoblauch-Suppe,
mit Tomaten eingeriebenes Röstbrot . . . . . . . . . . . . . . . . . 130
Kirschtomatensalat mit frischen Trauben und Estragon . . . . . 136
Mit Kaninchenfleisch gefülltes Gemüse . . . . . . . . . . . . . . . . 140
Ochsenherztomaten, mit Brandade gefüllt . . . . . . . . . . . . . . . 130
Piperade mit Bayonne-Schinken und Chorizo . . . . . . . . . . . . 126
Provenzalischer Tian, überbacken . . . . . . . . . . . . . . . . . . . . 146
Ratatouille mit Rosmarin und weichem Ei . . . . . . . . . . . . . . 134
Soup au Pistou (Provenzalische Gemüsesuppe) . . . . . . . . . . . 132

## TOPINAMBUR

Pot-au-feu mit vergessenen Gemüsen . . . . . . . . . . . . . . . . . 216

## TOTENTROMPETEN

Risotto mit Totentrompeten . . . . . . . . . . . . . . . . . . . . . . . 174

## WALNÜSSE

Chicorée im Schinkenmantel . . . . . . . . . . . . . . . . . . . . . . . 216
Gefüllte Zwiebeln mit Geflügelleber . . . . . . . . . . . . . . . . . . . 90
Rigatoni mit Romanesco, Radicchio und Walnüssen . . . . . . . . 180
Staudensellerie, im Wok gebraten . . . . . . . . . . . . . . . . . . . . 96

## WEISSE BOHNEN

Frische weiße Bohnen mit Sahne-Vinaigrette . . . . . . . . . . . . . 140
Soup au Pistou (Provenzalische Gemüsesuppe) . . . . . . . . . . . 132

## WEISSE CHAMPIGNONS

Pizza mit weißen Champignons . . . . . . . . . . . . . . . . . . . . . 172

## ZITRONE

Frittierte Schwarzwurzeln mit Avocadocreme . . . . . . . . . . . . 224
Gefüllter Wirsing . . . . . . . . . . . . . . . . . . . . . . . . . . . . . . . 206
Knackiger Gemüsesalat, Vinaigrette mit Ölsardinen . . . . . . . . 100
Lachs, in Dill mariniert . . . . . . . . . . . . . . . . . . . . . . . . . . 254

Poivrade-Artischocken mit Pfeffer . . . . . . . . . . . . . . . . . . . 126
Salat aus grünen Bohnen mit Sesam und Limette . . . . . . . . . . 72
Sellerie mit Remouladensauce und Krebsfleisch . . . . . . . . . . 226
Zucchiniblüten, mit Ziegenfrischkäse und Zitronen gefüllt . . . . . 124

## ZITRONENGRAS

Koriander-Hähnchensalat mit Orangen . . . . . . . . . . . . . . . . 250

## ZUCCHINI

Kalte Zucchini-Knoblauch-Suppe,
mit Tomaten eingeriebenes Röstbrot . . . . . . . . . . . . . . . . . 130
Knackiger Gemüsesalat, Vinaigrette mit Ölsardinen . . . . . . . . 100
Mit Kaninchenfleisch gefülltes Gemüse . . . . . . . . . . . . . . . . 140
Provenzalischer Tian, überbacken . . . . . . . . . . . . . . . . . . . . 146
Ratatouille mit Rosmarin und weichem Ei . . . . . . . . . . . . . . 134
Runde Zucchini, mit Merguez-Wurstbrät gefüllt . . . . . . . . . . . 144
Soup au Pistou (Provenzalische Gemüsesuppe) . . . . . . . . . . . 132
Zucchini mit Mozzarella . . . . . . . . . . . . . . . . . . . . . . . . . . 134
Zucchiniblüten, mit Ziegenfrischkäse und Zitronen gefüllt . . . . . 124

## ZUCKERSCHOTEN

Gedämpfte Safran-Gemüsepfanne . . . . . . . . . . . . . . . . . . . . 98
Knackiger Gemüsesalat, Vinaigrette mit Ölsardinen . . . . . . . . 100

## ZWIEBEL

Auberginencurry mit frischem Koriander . . . . . . . . . . . . . . . 146
Erbsen à la française . . . . . . . . . . . . . . . . . . . . . . . . . . . . 82
Erbsencreme mit Bohnenkraut . . . . . . . . . . . . . . . . . . . . . 265
Frikassee aus Dicken Bohnen, roten Zwiebeln und Chorizo-Streifen . 94
Frische weiße Bohnen mit Sahne-Vinaigrette . . . . . . . . . . . . . 140
Geeister Gazpacho, geröstetes Brot mit Tapenade . . . . . . . . . 124
Gefüllte Zwiebeln mit Geflügelleber . . . . . . . . . . . . . . . . . . . 90
Grünes Tomaten-Chutney . . . . . . . . . . . . . . . . . . . . . . . . . 142
Kalbsfrikassee mit Butternutkürbis und Pfifferlingen . . . . . . . . 166
Little-Gem-Salat, Knoblauch- und Zwiebelchips,
Vinaigrette mit Blauschimmelkäse . . . . . . . . . . . . . . . . . . . . 88
Provenzalischer Tian, überbacken . . . . . . . . . . . . . . . . . . . . 146
Mit Kaninchenfleisch gefülltes Gemüse . . . . . . . . . . . . . . . . 140
Piperade mit Bayonne-Schinken und Chorizo . . . . . . . . . . . . 126
Quiche mit Frühlingszwiebeln . . . . . . . . . . . . . . . . . . . . . . . 90
Ratatouille mit Rosmarin und weichem Ei . . . . . . . . . . . . . . 134
Rote-Bete-Suppe mit Frühlingszwiebeln, Erbsen und Bacon . . . . 94
Staudensellerie, im Wok gebraten . . . . . . . . . . . . . . . . . . . . 96
Wirsing mit Perlhuhn . . . . . . . . . . . . . . . . . . . . . . . . . . . . 210

# DANK

**Joël Thiébault**
Für die Markttage: www.joelthiebault.fr

**Philippe Morice**
Gemüsehändler auf dem Markt in der Avenue de Saxe im 7. Arrondissement in Paris, Donnerstag- und Samstagmorgen; am Sonntagmorgen auf dem Markt am Boulevard Auguste Blanqui im 13. Arrondissement in Paris

**Olivier Durand**
Direktverkauf, jeden Samstagvormittag
44840 Les Sorinières

**Sylvain Picard**
Verantwortlicher der Gemüsegärten von Alain Passard

**Alain Passard**
3-Sterne-Küchenchef des Restaurants L'Arpège,
84, rue de Varenne, 75007 Paris

**Anthony Beldroega**
Souschef im Restaurant *L'Arpège*.

## Der Autor

Jean-François Mallet absolvierte seine Ausbildung an der berühmten Kochschule Ecole Ferrandi, die er als Jahrgangsbester abschloss. Danach arbeitete er viele Jahre als Koch unter großen Küchenchefs wie Joël Robuchon oder Gaston Lenôtre, bevor er sich seiner zweiten Leidenschaft widmete: der Fotografie. Zunächst arbeitete er als Foto-Reporter, dann spezialisierte er sich auf Food-Fotografie. Alle Rezepte in diesem Buch hat er selbst entworfen, getestet und fotografiert.

## IMPRESSUM

**ISBN: 978-3-87515-408-5**

Alle Rechte vorbehalten. Nachdruck und Verwendung des Werkes sowie Verbreitung durch Film, Funk, Fernsehen und Internet, durch fotomechanische Wiedergabe, Tonträger und Datenverarbeitungssysteme jeder Art nur mit schriftlicher Genehmigung des Verlags.

Copyright der Originalausgabe
© 2014 Hachette Livre (Hachette Pratique), Paris 2014
Das Buch erschien unter der ISBN-Nummer 978-2-01-231810-6

*Originalausgabe*
Leitung: Catherine Saunier-Talec
Chefredakteurin: Céline Le Lamer
Künstlerische Leitung: Antoine Béon
Projektverantworliche: Lisa Grall
Graphische Gestaltung: Marie-Paule Jaulme
Vorbereitung der Vorlage, Valérie Mettais
Korrektur: Mélanie Rebillaud
Herstellung: Isalbelle Simon-Bourg
Herausgeberin: Juliette Spiteri
Grafische Gestaltung : IDT
Herstellung: Amélie Latsch
Mitarbeit: Sophie Morier

*Deutsche Ausgabe*
Lektorat: usb bücherbüro, Dr. Ulrike Strerath-Bolz
Satz und Gestaltung: JuKa Satzschmiede, Julia Karl
Übersetzung: Barbara Buchwalter
Umschlaggestaltung: die basis, Wiesbaden

Copyright der deutschen Ausgabe
© 2015 Matthaes Verlag GmbH, Stuttgart – Ein Unternehmen der dfv Mediengruppe